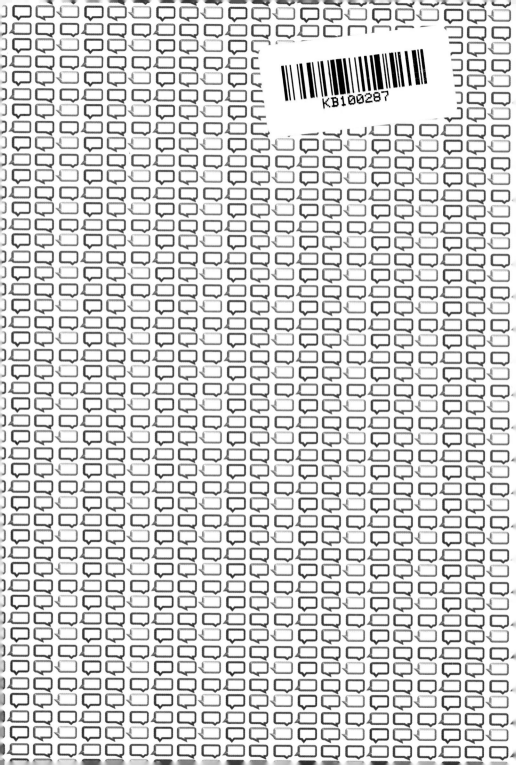

팩트체크,
고교학점제를
말한다!

우리가 꼭 알아야 할 고교학점제의 오해와 진실

팩트체크,
고교학점제를 말한다!

발행일	2022년 12월 30일 초판 2쇄 발행
지은이	정미라, 김성천, 김호진, 박시영, 백승진
발행인	방득일
편 집	박현주, 허현정
디자인	강수경
마케팅	김지훈

발행처	맘에드림
주 소	서울시 도봉구 노해로 379 대성빌딩 902호
전 화	02-2269-0425
팩 스	02-2269-0426
e-mail	momdreampub@naver.com

ISBN 979-11-89404-74-1 93370

팩트체크

우리가 꼭 알아야 할
고교학점제의 오해와 진실

고교학점제를 말한다!

정미라 | 김성천 | 김호진
박시영 | 백승진 지음

맘에 드림

The direction in which education starts
a man will determine his future life.

교육의 시작에 있어 방향성이
그 사람의 미래를 결정한다.

- 플라톤(Plato, BC427~BC347) -

입시 너머 우리가 주목해야 할
고교학점제의 오해와 진실

고교학점제는 2018년 연구·시범학교를 통해 시작되어 전국적으로 확대되어왔다. 오랜 시간 일방적인 교육정책에 시달려온 교육현장은 고교학점제에 대해서도 사뭇 싸늘한 반응이었다. 실제로 2021년까지도 학교 현장에서 교원단체를 중심으로 거센 반대가 만만치 않았다. 그러나 우리는 불과 수년 만에 고등학교가 공교육 기관 본연의 모습으로 조금씩 변화한 것에 주목해야 한다.

대학입시라는 블랙홀에 갇혀 있던
우리나라 교육

우리나라의 교육, 특히 고등학교 교육이 오랜 시간 대학입시에 종속화된 것을 부인할 순 없을 것이다. 전국의 학교들은 입시 주요 과목들을 중심으로 거의 획일화된 교육과정을 편성하고, 한 명이라도 더 상위권 대학에 합격시키려고 전력을 기울였다. 이렇듯 모든 스포트라이트가 학업성취 우수자에게만 집중되는 동안, 하위권 학생들은 물론 때론 중위권 학생들마저 학교 교육에서 적잖이 소외되어야 했다. 물론 고교학점제 이전에도 입시 종속화에서 벗어나 공교육의 본질 회복을 꾀하려는 노력은 지속적으로 이루어졌다. 하지만 아무리 현장에서 교육 혁신을 하려고 해도 입시에 막혀 번번이 좌절되거나, 좋은 취지로 도입한 제도조차 입시 블랙홀에 빨려들어 본질이 왜곡되는 경우도 적지 않았다.

현장에 고교학점제라는 용어마저 아직 낯설었던 2018년, 《고교학점제란 무엇인가?(맘에드림)》를 공동 집필하는 과정에서 다양한 해외 사례를 들여다보며 연구하는 동안 어쩌면 고교학점제가 우리나라 고등학교 교육에 혁신의 불씨를 크게 일으킬 수 있겠다는 생각이 들었다.

고교학점제가 철옹성 같던
고등학교 현장에 가져온 놀라운 변화들

물론 마음 한구석에는 그 어떤 선의의 교육적 시도도 입시 블랙홀에 갇혀 왜곡되거나 흐지부지된 고등학교 교육의 역사를 돌아보며 쉽지 않은 길일 거라는 생각도 여전했다. 하지만 이 책의 공동 저자 중 한 분이시기도 한 한국교원대학교 김성천 교수님을 필두로 교육정책디자인연구소의 동료들과 함께 뚜벅뚜벅 걸어온 길은 처음에는 비록 고단하고 척박했지만, 한해 두해 시간이 흐를수록 눈에 띄는 현장 변화를 실감하며 보람을 느낄 수 있었다.

고교학점제가 연구·시범학교에 적용될 때만 해도 어차피 입시제도가 뿌리부터 바뀌지 않는 한 큰 변화는 없을 것이라며 회의적인 의견도 많았다. 하지만 고교학점제와 함께 철옹성 같던 고등학교 현장에 놀라운 변화들이 속속 나타났다. 특히 주목할 만한 변화는 학교가 입시 너머 교육의 본질을 추구하고, 공교육 기관으로서의 책무를 다하려는 다양한 회복의 움직임이다. 예컨대 무조건 배워야 하는 일방적 교육과정이 아니라 모든 학생들이 배울 수 있는 맞춤형 학교 교육과정 편성, 모든 학생들의 기본학력과 배움을 보장하는 책임교육, 모든 학생들의 미래가치를 존중하며 꿈을 탐색하게 지원하는 진로학업설계 지도 등이 바로 그것이다. 공교육 기관으로서 고등학교가 일찍이 실행해야 마땅했던 기본적인 교육 과제와 체제에 대해 학교 교육공동체가 드디어 인식하기 시작한 것이다. 물론 아직 완벽하다 할 순 없지만, 조금씩 조금씩 제모습을 찾아가며 시스템을 구축해가고 있다. 특히 학생들의 삶에 미약하지만, 행복의 싹이 움트기 시작했다. 학교 현장의 많은 교사들이 힘들지만, 기꺼이 그 길에 동참하고 있음을 많은 사례를 통해 엿볼 수 있었다. 다음은 전라남도교육청에서 지역 대학과 협력하여 운영 중인 꿈키움캠퍼스 공동교육과정에 참여한 어느 교사의 소감이다.

첫날에는 어색해하던 아이들도 함께 밤까지 수업을 들으며 끝날 때는 둘도 없는 친구들이 되었습니다. 어쩌면 학생들은 수업을 배우며 공동체 의식과 사회생활도 배우고 돌아간 것 같습니다. 물론 오프라인이어서 가능할 수 있었겠지만, 3박 4일간 아이들의 성장을 보는 저도 참 뿌듯했습니다. 괜히 관리교사가 되어 방학 때 출근해야 하고, 나이스 업무 처리까지 해야 하는 것에 대한 불만도 어느새 사라졌습니다. 저뿐만 아니라 협력 수업을 해주셨던 저희 학교 4명의 선생님들도 좋은 추억이 되었다고 하셨습니다. 그리고 이런 프로그램들에 우리 학교 아이들이 많이 참여하지 않았을까 하는 아쉬움도 있었습니다.

고교학점제에 관한 오해를 풀고
전향적 관점에서 진실을 바라보도록

앞으로 전국의 모든 고등학교에서 고교학점제를 안정적으로 시행하려면 해결해야 할 과제들이 아직 많이 남아 있다. 하지만 연구·시범학교에서 확인한 것처럼 교육 현장에 학생들 저마다 행복한 배움의 불씨를 지피도록 지원하는 민주적인 교육공동체가 살아나고 있기 때문에 함께 힘을 합쳐 난제들을 하나씩 해결하는 동안 고교학점제도 분명 안정적으로 자리를 잡아갈 거라 믿는다.

다행히 교원단체들도 이제 고교학점제의 도입 취지에는 대체로 동감하는 분위기이다. 하지만 여전히 도입 시기에 대해 교원의 업무부담 가중, 학점제의 운영 여건 조성 미흡 등 이런저런 이유로 숨 고르기가 필요하다는 의견이 높다. 이런 유보적 입장을 취하는 모습에서 고교학점제를 바라보는 시각에 아직도 여러 오해의 소지가 남아 있음을 종종 느끼게 된다. 심지어 이런 오해들이 쌓여 고교학점제에 대한 불신의 싹을 키우는 결과로 나타나기도 한다.

편견이나 고정관념에서 벗어나 새로운 시각으로 고교학점제의 진실을 바라봄으로써 오해를 해소하고 한층 전향적인 태도로 고교학점제를 준비해나가면 좋겠다고 생각했다. 이런 마음으로 교육정

책디자인연구소 고교학점제 연구팀이 《교육플러스+》에 〈고교학점제 오해와 진실편〉을 연재하였는데, 현장의 많은 공감을 얻을 수 있었다. 여기에 힘입어 좀 더 많은 독자들을 만나 고교학점제의 오해를 풀고 가려진 진실을 널리 알리고 싶어 이렇게 한 권의 책으로 재편집하게 된 것이다.

현장에서 고교학점제를 고등학교에 안착시키기 위해 애쓰고 계신 교육공동체의 호응과 응원 덕분에 교육정책디자인연구소가 고교학점제 관련하여 벌써 다섯 번째 도서를 출간하게 되었다. 앞으로 학생들의 진정한 배움과 행복을 위해 고교학점제가 본래 취지에서 왜곡되지 않고 학교 현장에 안정적으로 안착될 수 있기를 기대하며, 이 책이 그 길에 조금이라도 보탬이 될 수 있기를 진심으로 바란다.

집필진을 대표하여
정이라

차례

오해와 진실 01 ㅣ 개념적 이해 `016`

학점제라면 이제 고등학교도 대학교처럼 가르치고 배운다는 뜻인가?

오해와 진실 02 ㅣ 과목 선택과 진로 `032`

고교학점제의 과목 선택은 섣부른 진로 결정으로 이어지지 않을까?

지금도 할 일이 태산인데, 다과목 개설로 인한 부담까지 우리만 감당하라고?

우리 학교는 오래된 건물에 교실도 부족한데, 고교학점제 운영이 가능할까?

개념적 이해

학점제라면 이제
고등학교도 대학교처럼
가르치고 배운다는 뜻인가?

?

고등학교가 대학교처럼 바뀐다고?

학점제잖아 듣고 싶은 과목 위주로…

역시 고교학점제는 선택과목이 관건인 건가?

근데 고등학교에서 대학교처럼 과목 선택하는 게 말이 돼?

2025년 전면 시행되는 고교학점제는 "학생이 자신의 진로에 따라 다양한 과목을 선택하여 이수하고, 누적 학점이 기준에 도달하면 졸업을 인정받는 교육과정 이수·운영제도"이다. 2018년 연구·선도학교를 중심으로 도입되었고, 이제는 고교학점제의 장점과 당위성을 널리 알려 현장 안착을 돕기 위해 교사나 학부모들을 대상으로 한 설명회도 다양하게 이루어지고 있다. 고교학점제에 관한 이해를 도모하고, 두루 홍보하는 자리를 마련하는 것이다. 그런데 교육부나 교육청 관계자, 고교학점제

일부 강사들의 고교학점제에 관한 설명 중 다소 갸우뚱한 부분이 있어 짚고 넘어가고 싶다. 예컨대 이런 내용이다.

> "고교학점제는 쉽게 말해 대학의 학점제와 마찬가지로 학생들이 진로에 따라 과목을 선택하는 것입니다."

개념을 알기 쉽게 전달하려는 뜻은 알겠으나, 안타깝게도 이런 설명으로 인해 현장에는 많은 오해가 양산되고 있다. 과연 고교학점제를 대학의 학점제로 비유하는 것이 옳은가? 그래서 첫 번째로 고교학점제가 대학의 학점제와 과연 무엇이 비슷하고 또 무엇이 다른지에 관한 이야기를 해보려고 한다.

- 고등학교에서 학생이 대학처럼 과목을 선택하는 것이 가능한가?
- 학생들의 선택에 따라 교사들이 다양한 과목을 지도하는 것이 가능한가?

대학의 전공별 교육과정 vs 고등학교의 맞춤형 선택 교육과정

먼저 대학의 전공별 교육과정과 고등학생이 진로에 따라 선택하는 교육과정을 살펴보자. 각 대학은 전공마다 다른 교육과정이 마련되어 있다. 또한 당연히 전공별로 수강하는 과목이 다르게 구성되어 있다. 즉 전공별로 교육과정 편제 자체가 다르다. 한편 고교학점제에서는 국가교육과정을 중심으로 각 학교가 편성한 학교 교육과정의 과목 안에서 학생이 자신의 진로와 연계된 과목을 선택하게 된다. 즉 학생은 학교 교육과정이라는 공통된 교육과정 안에서만 선택이 이루어지는 셈이다.

또 대학에서는 전공별로 학생들이 학습하는 과목이 대부분 다르지만, 고등학교에서는 설사 희망하는 진로가 서로 달라도 학생들 간 중복되는 과목이 상당수이다. 특히 고등학교를 졸업하고 매해 70% 이상[1] 대학에 진학하는 우리나라에서 수능시험 과목은 고등학교에서 주로 편성되고 개설되는 과목이다. 이들 과목은 실제로 현재 대부분의 고교학점제 연구·선도학교에서 개설되고 있다.

❓ 고교학점제는 보편교육을 지향하는 국가교육과정을 기반으로 한다

고교학점제를 비판하는 목소리 중에는 고등학교는 보편교육을 지향해야 하는데 고교학점제는 학생들을 일찍부터 불필요한 과목 선택으로 내몰아 보편교육을 축소시킨다는 내용도 포함된다. 이 말이 과연 사실일까?

일단 국가교육과정은 급변하는 미래사회 대비 필수적인 핵심역

....
1. 문광민, 〈고3 수험생 줄자…대학진학률 79.4% 최고〉, 《매일경제》, 2021.01.14.

량을 중심으로 국민에게 필요한 보편교육을 지향하고 있다. 고교학점제가 도입되어도 각 학교는 국가교육과정에서 선정한 과목을 학교 교육과정으로 편성하여 학생들이 일부는 필수로, 일부는 선택으로 수강할 수 있도록 해야 한다. 따라서 고등학교에서 편성하는 교육과정은 보편교육에서 벗어나기가 쉽지 않다. 설마 보편교육이 모든 학생이 동일한 과목, 동일한 학습 내용으로 학습해야 한다는 것을 의미한다고 생각하는 사람은 없을 것이라 믿는다.

또 우리가 잘 알고 있는 것처럼 이미 2015 개정 교육과정부터 문·이과의 이분법적 구분에서 벗어나 개인차를 고려한 맞춤형 교육을 실현해 나가기 위해 학생의 과목 선택권을 확대하도록 강조하고 있다. 다만 2015 개정 교육과정은 고등학교 1학년에 전국의 고등학생들이 반드시 이수해야 하는 공통과목을 제공하고 있고, 이후 학생들이 각자 과목을 선택하더라도 교과군별 최소한으로 이수해야 하는 필수이수 학점을 설정함으로써 전 교과의 균형적인 이수를 유도하고 있다. 각 학교는 이 지침에 따라 학교 지정과목을 마련하는 한편, 학생의 요구와 필요를 고려하여 학교 교육과정에서 각자 과목을 선택하여 이수할 수 있도록 지원하게 된다. 이렇다 보니 학생이 자신의 진로를 고려하여 선택하는 과목들의 상당수가 중복되고 생각만큼 다양하게 나타나지는 않는다. 이처럼 대학에 비해 보편교육이 강조된 고등학교 교육과정의 특성상 대학의 학점제와 동급으로 비교하는 것은 솔직히 말도 안 된다.

❓ 모든 학생이 배울 수 있는 교육과정을 통해 보편교육을 실현한다

참으로 오랜 시간 동안 언급되어 왔지만, 그만큼 오래 학교에서 소외되어온 수포자를 생각해보자. 2019년 '사교육걱정없는세상'에서 제공한 통계자료에 따르면 고등학교 학생 중 수포자는 절반이 넘는 59.7%에 이른다. 그동안 고등학교 교육에서 이런 학생들에 대한 기본학력 보장 교육은 거의 이루어지지 않았다.[2] 또한 대부분의 고등학교에서 3학년이 되면 교과서는 제쳐두고, EBS 수능특강, 수능완성을 주교재로 수업과 평가를 실시해왔다. 기본학력에도 도달하지 못한 학생들에게 그 어떤 책임교육도 제공하지 않은 채, 그저 기계적으로 학년이 상승할수록 위계가 높은 과목을 의무적으로 강제해온 것이 현실 아닌가? 학생의 현재 역량으론 배울 수도 없는 교육과정이나 문제집 풀이를 일방적으로 제공해준 것을 과연 보편교육이라고 말할 수 있을까? 학생의 준비도를 고려하지 않은 채 학년별로 위계가 높은 과목만을 학생들이 배워야 하는 학교 지정과목으로 편성해놓은 것을 보편교육이라고 포장할 순 없다.

또한 예술계열 진로를 준비하는 학생들의 입장에서도 생각해보자. 미술이나 음악 관련 전공의 경우 수학 성적을 반영하는 곳은 극히 일부일 뿐, 대부분 반영하지 않는다. 게다가 대부분의 예술 계열로 진로를 염두하고 있는 학생들 중에는 수학에 대한 부담감과 기

---

2. 수포자에 관한 내용은 이후 오해와 진실 9에서도 다시 한번 살펴볼 기회가 있을 것이다.

본학력이 부족한 학생들의 비율이 높다. 그런데도 학교는 3학년이 될 때까지 수학을 국가교육과정에서 정한 필수이수 10단위[3]를 넘어 특수목적고인 과학고에서 개설하는 전문교과 I 의 수학 과목까지 포함하여 24~28단위까지도 학교 지정과목으로 제공해왔다. 그에 반해 정작 예술계열로 진로를 정한 학생이 요구하고 진짜 필요로 하는 예술 관련 과목은 필수이수 10단위로만 개설하는 경우가 상당수였다. 보편교육으로서 수학교과의 범위는 대체 어디까지인가? 무엇보다 이미 2015 개정 교육과정에서도 학생의 진로와 적성에 따른 선택을 강조하고 있기 때문에 학교 지정과목은 학교 교육공동체의 합의를 거쳐 모든 학생이 배울 수 있는 교육과정으로 다시 편성해야 마땅하다. 안타깝게도 여전히 학교 교육과정은 학생의 요구조사나 학부모의 의견 수렴 없이 단순히 교원 수급을 중심으로 편성되는 경우도 있다. 고교학점제 시대에 진정성 있는 보편교육을 실현하려면 누구도 교육과정에서 소외되어서는 안 될 것이다.

❓ 고교학점제에서 입시용 과목 쏠림은 자연스러운 현상이다

고교학점제를 반대하는 의견 중에는 어차피 학점제를 해봤자 수능 과목으로의 쏠림 현상이 여전할 것이라는 점을 꼽기도 한다. 현실적으로 우리나라 고등학생의 70~80%는 대학 진학을 목표로 한다.

---

3. 고교학점제 도입과 함께 '단위'는 '학점'으로 변경된다.

| 2024학년도 대학수학능력시험 기본계획 |

국어	공통과목 75%(독서, 문학)+ 선택과목 25%(언어와 매체, 화법과 작문 중 택 1)
수학	공통과목 75%(수학I, 수학II)+ 선택과목 25%(확률과 통계, 미적분, 기하 중 택1)
사회·과학탐구	총 17개 과목 중 최대 2개 과목 선택
직업탐구	• 2개 과목 응시: 공통과목(전문공통과목, 성공적인 직업생활)+ 계열별 　　　　　　　　　선택과목 5개 중 택1 • 1개 과목 응시: 계열별 선택과목 5개 중 택1
한국사	필수 과목 유지, 절대평가 적용
영어 및 제2외국어/한문	절대평가 적용

※자료: 교육부, 2021

또 대학에 진학하려면 수능에 응시해야 하는 경우가 대부분이다. 앞서 언급한 것처럼 전공을 중심으로 서로 다른 교육과정을 편성하는 대학교와 달리 고등학교는 모든 학교가 국가교육과정을 기반으로 교·과목을 편성한다. 수능 응시 과목은 국가교육과정에서 정하는 일부 과목으로 시행되고 있다 보니, 많은 학교가 수능 과목을 학교 지정과목으로 편성한다. 그리고 수능 과목은 앞으로 대학 교육과정을 원활하게 이수하기 위해 꼭 필요한 역량을 기르는 과목이기도 하므로 과목 쏠림 현상은 자연스러운 현상으로 보아야 한다. 고등학교 교육과정은 그 자체가 보편적인 역량을 키우는 성격을 띤다는 점을 우리는 잊지 말아야 한다.

다만 앞으로는 수능 과목을 3년 내내 학교 지정과목으로 편성하여 모든 학생에게 억지로 수강하도록 강제해서는 안 될 것이다. 과거에는 수능에 응시하지도 않고, 아무리 수업 시간에 교실에 앉아 있어도 해당 과목을 전혀 이해할 수 없는 학생에게도 고등학교에서 당연히 배워야 하는 교육과정이라며 의무적으로 강요해왔다.[4] 하지만 이것은 모든 학생을 아우르는 보편교육을 지향하는 고교학점제의 취지와 맞지 않는다.

사실 학교 현장의 변화는 이미 시작되었다. 요즘에는 수능 과목까지도 선택과목군으로 편성하여 학생의 과목 선택권을 폭넓게 보장하는 학교도 생겨나고 있기 때문이다. 물론 이런 학교에서도 실제적으로 학생들이 주로 선택하는 과목은 수능 과목이다. 하지만 최소한 이렇게 편성하면 대학을 진학하지 않거나 수능의 일부 과목만 반영하는 전공을 선택하는 학생들까지 굳이 수능 과목을 모두 다 수강할 필요는 없어진다. 그 대신에 학생들은 자신의 진로에 실질적으로 도움이 되는 과목을 선택할 수 있는 기회를 맞이할 수 있다. 이러한 변화는 고등학교와 대학의 교육과정 연계성 측면에서도 매우 의미 있고 타당하다고 볼 수 있다.

....
4. 이들이 해당 과목에서 낮은 성적, 심지어 0점을 받는 한이 있어도 교육과정을 강요해왔다. 학업 저성취 학생들이 다른 학생이 높은 등급을 받는 데 일조하는 희생양이 되는 것을 눈감아온 셈이다.

❓ 고교학점제는 선택과 책임을 모두 강조한다

오랜 시간 우리나라는 공급자 관점의 '배워야 하는 교육과정'이었다. 하지만 이제는 배움의 주체인 학생의 관점에서 생각해야 한다. 고등학교 1학년까지 공통과목을 통해 기초소양과 기본학력을 구축했다면, 학생의 관심과 필요에 따라 과목을 선택하고 싶은 것은 당연하지 않을까? 게다가 선택과목들 또한 보편적인 국가교육과정을 벗어나지 않는다. 학교 교육과정은 배움을 넘어 학생의 미래 진로와 삶 전반에 중대한 영향을 미친다. 무엇보다 학생의 과목 선택과 충실한 이수 결과는 현재 시행되고 있는 대학입시에도 명백하게 반영되고 있다. 이미 주요 대학은 국가교육과정에 기반하여 전공별로 반드시 이수해야 하는 교육과정들을 고려하고 있기 때문이다.

고교학점제와 함께 앞으로 학생들은 대부분 공통적으로 이수해야 하는 과목과 함께 자신의 진로와 적성에 특정하게 필요한 과목들을 약간 추가하는 형태로 고등학교 교육과정을 이수하게 될 것이다. 이제 대통령도 국회의원도 선출할 수 있는 투표권을 가진 고3을 생각하면 학생에게 원하는 교육과정을 선택할 수 있는 기회를 보장하는 것은 당연하다. 다만 학교는 학생들이 시민으로서 배우고 싶은 선택과목을 스스로 신중하게 선택하고, 또 선택에 따른 책임도 질 수 있도록 안내하고 지도해야 할 것이다. 이는 시민으로서의 역량을 키우는 과정과 다르지 않다. 학생이 민주시민, 세계시민으로 성장하도록 돕는 것 또한 학교의 중요한 역할이자 사명이다.

대학교의 F학점 vs
고교학점제의 최소 성취수준

두 번째로 책임교육의 관점에서 대학교 학점제와 고교학점제를 살펴보자. 앞서 수포자 내용에서도 언급했지만, 그동안 고등학교는 학년이 올라감에 따라 배워야 하는 교육과정만 제공했을 뿐, 이를 제대로 따라오지 못하는 학생들이 배움에서 소외되는 문제에 대해서는 애써 외면해왔다. 심지어 낮은 성적의 학생들이 상위권 학생들의 등급을 높여주는 들러리 역할을 하는 것도 당연시해왔다.

2021년 교육부는 고교학점제를 "학생이 기초소양과 기본학력을 바탕으로 진로·적성에 따라 다양한 과목을 선택하고, 이수 기준에 도달한 과목에 대해 학점을 취득·누적하여 졸업하는 제도"로 발표했다. '학생의 기초소양과 기본학력을 바탕으로'라는 내용에서 짐작할 수 있듯이 앞으로 모든 학생의 배움을 존중하고 보장하겠다는 의지를 드러낸 것이다. 오직 대학입시에 매몰되어 상위권 대학에 학생들을 합격시키기 위한 교육만이 아닌 모든 학생이 시민으로 살아가기 위해 최소한의 교과 역량을 갖추게 하는 교육도 필요하다.

고교학점제 연구·선도학교의 운영과정에서 일어난 학교의 주목할 만한 변화 중 하나는 학교가 모든 학생이 과목을 미이수하지 않도록 선제적으로 학생의 학업 역량을 진단하고 지원해주는 체제와 교육과정을 마련해가고 있다는 점이다. 또한 2023년부터 학교는 1학년 공통과목인 국·수·영에 대해 최소 성취수준에 도달하지 못한 미이수 학생이 발생하면, 그에 따른 보충이수과정을 필수적으로 제공해야 한다.

그러나 대학은 다르다. 개별 학생의 능력을 진단하지도 않고, 설사 미이수인 'F'를 받아도 보충이수과정을 제공하지 않는다. 학생 스스로 재수강 여부를 결정하거나 해당 과목에 대한 학점을 포기할 뿐이다. 이처럼 대학 교육은 이미 선발된 학생들로 구성된 만큼 그들 각자를 의사결정력을 가진 성숙한 시민으로 간주하여 과목 선택과 이수 결과 모두 학생 스스로 책임지도록 한다. 반면 고등학교 교육은 학생들이 앞으로 대학 교육을 수강할 수 있도록 준비하여 졸업 후 시민으로서 책임 있는 삶을 살아갈 수 있도록 지원해야 할 의무가 있다는 점에서 뚜렷한 차이가 있다. 즉 학생 개인의 책임이 훨씬 더 강조되는 대학의 학점제와 결코 같다고 할 수 없다.

고교학점제에서 단순히 '과목 선택'만 강조되면 안 되는 이유

앞서 대학교와 고등학교 학점제 간의 대표적인 차이점을 설명했지만, 이 외에도 고교학점제는 대학의 학점제와 다른 점들이 많다. 예컨대 고교학점제가 시행되는 고등학교에서는 교사가 학생의 진로와 진학을 위해 한명 한명 관리해주고 지원해주는 역할도 하며, 학생들의 배움을 확장시키기 위해 온·오프라인 공동교육과정과 지역사회와의 협력적인 교육과정 체제를 구축하고 있기도 하다. 고교학점제를 대학의 학점제와 비유하는 분들은 단순히 '과목을 선택'한다는 측면을 부각시키고 있다고 볼 수 있다. 하지만 고교학점제는 '선택' 못지않게 학생과 학교의 '책임'을 더욱 강조한다. 따라서 교육을 언급할 때 우리는 어휘 선택에 매우 신중하고 주의해야 할 필요가 있다. 학생의 인생과 직결되기 때문이다.

공부를 잘하건 못하건, 어쨌든 학생들은 매일 아침 등교한다. 어느 누구도 다른 학생의 인생에 들러리가 되기 위해 학교에 다니고 싶지는 않을 것이다. 모든 학생이 주인공으로서 주체적인 삶을 살아갈 수 있도록 지원하는 학교, 이것이 바로 고교학점제가 추구하는 바이다. 그리고 학교는 '학교'이기 때문에 이러한 학생들의 요구와 필요에 응답해주어야 하며, 이를 실현하기 위해 노력해야 한다.

> "만약 학교가 상위권 대학에 입학하기 위한 교육과정을 고려하지도 않고 편성하지도 않는다면 그 학교는 어떻게 될까? 아마 엄청난 민원에 시달려야 할 것이고 많은 학생들이 선호하지 않는 학교가 될 수도 있을 것이다. 그러나 만약 학교가 학업성취도가 부족한 학생들을 위한 교육과정을 편성하지 않는다면 그 학교는 어떻게 될까? 아마 아무 일도 일어나지 않을 수도 있다."

의미심장하면서도 우리의 씁쓸한 교육 현실을 보여주는 것 같아 안타깝다. 학업성취도가 부족한 학생들이 지금껏 학교 교육에서 얼마나 소외되었고, 또 얼마나 존재감 없이 위축되어 있었는지를 잘 보여주기 때문이다.

　고교학점제는 대학의 학점제와 같이 단순하게 과목의 선택을 강요하는 것이 아니라 위의 '아무 일도 일어나지 않을 수 있는 상황'에 대한 교육적 대응을 마련하기 위해 시행되는 것이며, 또 그렇게 시행되어야 한다. 공교육이 차별을 조장하거나 당연시해서는 안 된다. 고교학점제는 앞으로 학교에서 **모든 학생**의 배움을 존중하기 위한 시도이다. 현 정부도 이러한 고교학점제의 취지를 이해했기 때문에 계속 추진하기로 결정했다고 한다. 부디 단순한 고교 교육의 다양화를 통해 고교학점제 본연의 취지가 무색해지는 과오를 남기지 않기를 바란다.

보편교육을 아우르며 모든 학생의

책임교육을 강조하는 고교학점제는

전공별로 다른 교육과정을

편성·운영하며, 학생 개인의

책임을 훨씬 더 강조하는

대학의 학점제와 같을 수 없다.

오해와 진실 02

과목 선택과 진로

고교학점제의 과목 선택은 섣부른 진로 결정으로 이어지지 않을까?

솔직히 3학년 중에도 진로 못 정한 애들이 있는데…

중간에 바뀌는 애들도 많지 뭐…

이거 괜히 애들한테 불이익 있는 거 아니야?

아무래도… 좀 그렇지 않을까?

전국의 학교에서 고교학점제를
준비해온 지도 벌써 수년이 지났다. 하지만 아직 '고교학점제'라는
제도 자체가 모든 고등학교에서 시행되고 있는 것은 아니다. 그런
측면에서 '고교학점제'는 우리에게 익숙하면서도 한편으론 여전히
낯선 단어이다. 앞선 내용에서도 대학의 학점제와 고교학점제를 같
은 개념으로 오해하는 것에 관해 이야기한 바 있다. 이처럼 '고교학
점제'라는 용어 자체에서 유발되는 몇몇 오해가 있는 것 같다. 그중
에서 진로와 관련된 대표적인 오해는 다음과 같다.

- 대학교처럼 진로를 정해 그에 맞는 전공과목만 골라 듣는다?
- 과목 선택 때문에 진로의 조기 결정이 강제된다?

즉 고교학점제 때문에 앞으로 진로를 조기에 결정해서 그에 맞는 전공과목을 미리미리 수강해야 하며, 그렇지 못한 학생은 입시에서 불이익을 겪는다고 하는 무시무시한(?) 오해이다. 솔직히 오해라기보다는 우리 사회에 만연해 있는 '공포마케팅'에 가깝다.

진로 고민보다 일단 대학 합격이 목표였던 과거의 고등학교 교육

결론부터 꺼내놓자면, 오히려 반대다. 고교학점제는 그동안 '대학에 가기 위해 공부만' 하느라 유예되기 일쑤였던 학생의 진로 고민과 탐색을 앞당기기 위한 것이다. 또한 입시 피라미드의 윗부분을 차지하지 못해 학교 현장에서 '논외' 처리되기 일쑤였던 수많은 학생들의 진로까지 학교가 품기 위한 것이다.

 선생님 저는 컴퓨터 프로그래머가 되고 싶어요.
학생 1

 저는 역사를 좋아해서 역사 선생님이 되고 싶어요.
학생 2

저는 아직 꿈이 없어요. 뭘 좋아하는지도 모르겠구요.

학생 3

저는 그림 그릴 때가 가장 행복해요. 웹툰 작가가 되고 싶어요.

학생 4

오~ 그렇구나! 선생님은 너희들 1234 모두의 꿈을 응원한단다. 그럼 일단… 국·수·영 내신성적부터 올리고 나서 생각해볼까?

교사

이상의 농담 같은 대화 내용을 읽으며, 약간이라도 '피식'했다면 아마도 분명 저런 대화를 직접 해봤거나, 어디선가 들어봐서일 것이다. 그러니 이 대화는 농담이 아닌 우리 고등학교의 현실인 셈이다. 농담이지만, 실은 진실에 가까운 위의 상담 사례를 읽으며 필자가 학창시절에 경험했던 '진로학업설계 지도'를 떠올렸다. 고등학교 3년간 단 한 번, 고3 담임선생님께서 배치표를 보여주며 해주신 말씀이 전부다.

"넌 여기 갈 수 있어, 보이지?"

물론 현재는 그러한 시대와 비교하면 진일보했지만, 여전히 갈 길이 멀기만 하다. 교육계는 지금 명백히, 춘추전국(春秋戰國), 백가쟁명(百家爭鳴)의 시대이다. 앞으로도 고교학점제에 대해 많은 사람이 다양한 이야기를 쏟아낼 것이다. 그중에는 새겨야 할 진실도 있겠지만, 오해도 적지 않고 심지어 가짜뉴스도 섞여 있을지 모른다.

따라서 다양한 이야기에 귀를 기울이는 한편, 이리저리 휘둘리기보다 팩트를 체크하여 신중하게 판단할 필요가 있다.

진로를 정하면 무조건 전공 관련 과목만 골라 들어야 할까?

고교학점제가 도입되면 서둘러 전공을 정하고, 그에 맞는 과목만 골라서 들어야 한다고 오해를 하는 분들이 생각보다 많다. 이 오해를 풀기 위해서는 먼저 고등학교의 교육과정에 대한 간단한 이해가 필요하다. '진짜' 고교학점제가 적용될 2022 개정 교육과정은 아직 개발 중이니, 현재 적용 중인 2015 개정 교육과정을 기반으로 살펴보자. 38쪽의 표는 2015 개정 교육과정의 보통교과 과목 편제이다. 전국 대부분의 일반고는 2015 개정 교육과정의 보통교과를 기반으로 교육과정을 편성·운영하고 있다. 일반고에서도 일부 전문교과나 고시외 과목을 편성할 수도 있지만, 기본은 보통교과이다.

> "학생 선택 중심의 2015 개정 교육과정이 도입됐지만, 아직은 학교마다 여건에 따라 교육과정 편성 현황에 차이가 많은 것으로 파악하고 있다. 이를 감안하여 모집 단위별 권장과목을 최소화해 안내했다."
>
> −2021 서울대 입학관리본부 관계자

| 2015 개정 교육과정 보통 교과 편제(2020.4.14.개정) |

교과 영역	교과(군)	공통 과목	선택과목		
			일반 선택	진로 선택	
기초	국어	국어	화법과 작문, 독서, 언어와 매체, 문학	실용국어, 심화 국어, 고전 읽기	
	수학	수학	수학I, 수학II, 미적분, 확률과 통계	기본수학, 실용수학, 기하, 경제수학, 수학과제 탐구	
	영어	영어	영어 회화, 영어I, 영어독해와 작문, 영어II	기본영어, 실용영어, 영어권 문화, 진로영어, 영미문학 읽기	
	한국사	한국사			
탐구	사회(역사/ 도덕포함)	통합사회	한국지리, 세계지리, 세계사, 동아시아사, 경제, 정치와 법, 사회 · 문화, 생활과 윤리, 윤리와 사상	여행지리, 사회문제 탐구, 고전과 윤리	
	과학	통합과학 과학탐구실험	물리학I, 화학I, 생명과학I, 지구과학I	물리학II, 화학II, 생명과학II, 지구과학II, 과학사, 생활과 과학, 융합과학	
체육 · 예술	체육		체육, 운동과 건강	스포츠생활, 체육 탐구	
	예술		음악, 미술, 연극	음악연주, 음악감상과 비평 미술 창작, 미술감상과 비평	
생활 · 교양	기술 · 가정		기술 · 가정, 정보	농업생명과학, 공학 일반, 창의 경영, 해양문화와 기술, 가정과학, 지식재산 일반	
	제2 외국어		독일어I 프랑스어I 스페인어I 중국어I	일본어I 러시아어I 아랍어I 베트남어I	독일어II 프랑스어II 스페인어II 중국어II	일본어II 러시아어II 아랍어II 베트남어II
	한문		한문I	한문II	
	교양		철학, 논리학, 심리학, 교육학, 종교학, 진로와 직업, 보건, 환경, 실용경제, 논술		

※자료: 교육부, 2021

2021년 서울대학교에서 모집 단위별 전공 연계 교과 이수 과목 리스트를 발표했다(40쪽 표 참조). 학과(부)에서 공부하기 위해 필수적으로 이수를 권장하는 핵심권장과목과 이수를 권장하는 권장과목을 제시한 것이다. 예를 들면 물리학을 전공하기 위해 필요한 핵심권장과목(물리학Ⅱ, 미적분, 기하)과 권장과목(확률과 통계)을 제시하는 식이었다. 제시된 학과는 총 40여 개 정도이고, 사회과학대학의 경제학부(권장과목: 미적분, 확률과 통계)를 제외한 대부분이 이공계열이다. 제시된 교과목 종류를 살펴보면 지극히 상식적인 수준이다. 예컨대 화학을 전공할 학생은 화학Ⅱ를, 건축학을 전공할 학생은 (유체역학이 아닌!) 미적분을 잘 배우고 오라는 것이다. 얼마나 당연한 요구인가. 게다가 사실상 요구라기보다는 대학에서 공부할 때 강의 내용을 제대로 따라오지 못하는 등의 시행착오를 줄여주기 위한 일종의 배려처럼 보이기도 한다.

그렇다면 영어 영문학 전공을 희망하는 학생은 '영미 문학의 이해'를 반드시 수강해야 할까? 그건 아니다. 학교에서 공통으로 수강하는 영어, 영어Ⅰ 등의 과목을 의미 있게 학습했다면 그것으로 충분하다는 것이 입학사정관들의 공통된 목소리다. 이 역시 상식적이다. 이처럼 대학에서 권장하거나 요구하는 과목들은 대체로 대학에서의 전공학문을 공부해나갈 때 꼭 필요한, 즉 위계성을 지닌 일부 특정 과목에 한정되어 있다. 고등학교에서 대학 전공 수준의 심화수업을 할 수도 없거니와, 굳이 미리 배워야 할 필요도 없다는 뜻이다.

| 서울대학교 모집 단위별 전공 연계 교과 이수 과목 리스트 |

모집단위			핵심권장과목	권장과목
자연과학대학	수리과학부		미적분, 확률과통계, 기하	-
	통계학과		미적분, 확률과통계, 기하	-
	물리·천문학부	물리학전공	물리학II, 미적분, 기하	확률과 통계
		천문학전공	지구과학II, 미적분, 기하	지구과학II, 물리학II, 확률과 통계
	화학부		화학II, 미적분	확률과 통계, 기하
	생명과학부		생명과학II, 미적분	화학II, 확률과 통계, 기하
	지구환경과학부		물리학II 또는 화학II 또는 지구과학II, 미적분	확률과통계, 기하
공과대학	광역		미적분, 확률과 통계	기하
	건설환경공학부		미적분, 기하	확률과 통계
	기계공학부		물리학II, 미적분, 기하	확률과 통계
	재료공학부		미적분, 기하	물리학II, 화학II, 확률과 통계
	전기·정보공학부		물리학II, 미적분	확률과 통계, 기하
	컴퓨터공학부		미적분, 확률과 통계	-
	화학생물공학부		물리학II, 미적분, 기하	화학II 또는 생명과학II
	건축학과		-	미적분
	산업공학과		미적분	확률과 통계
	에너지자원공학과		물리학II, 미적분, 기하	확률과 통계
	원자핵공학과		물리학II, 미적분	-
	조선해양공학과		물리학I, 미적분, 기하	확률과 통계
	항공우주공학과		물리학II, 미적분, 기하	지구과학II, 확률과 통계

※자료: 서울대학교, 2021

앞으로 학생들은
한번 결정한 진로를 바꿀 수 없게 되나?

대입전형 요소에서 자기소개서가 없어지며(2022년 기준 고등학교 1·2학년 학생), 입시에서는 과목 선택 자체가 중요한 스펙이 되었다. 앞으로는 과목 세특이 자소서의 역할을 대체할 것으로 예상되는 바이다.

대학입시제도의 미세한 변화에도 늘 촉각을 곤두세우는 고등학교가 이런 변화에 무덤덤할 리 없다. 그래서인지 이전과는 달리 고등학교 1학년 때부터 교육과정 설명회, 교과 설명 박람회 등의 다양한 자리를 마련함으로써 학생들은 물론 학부모들에게도 많은 정보를 제공하고 있다. 또한 학교 내에 '진로학업설계 지도팀', '교육과정 이수지도 팀'과 같은 조직을 기반으로 1학년 때부터 학생들의 진로학업설계를 지도하는 추세가 점차 일반화되고 있다.

물론 학교에서 업무를 담당하는 선생님들에게는 '업무량 증가'로 체감될 수도 있겠지만, 친절하고 섬세한 안내는 누구에게나 옳고, 또 필요하다. 2020 국가교육회의 보고서에 따르면 요즘 학생들은 자신이 진로를 잘 설계할 수 있도록 도와주는 것이 학교의 가장 중요한 역할이라고 생각한다고 한다. 이러한 변화 덕분에 이전 시대의 학교가 갖추지 못했던 친절한 안내 기능이 오늘날의 학교에 장착되어 가고 있다. 훈훈한 풍경이다.

❓ 선생님, 저 갑자기 하고 싶은 일이 생겼어요…

그럼에도 불구하고 학생들 중에는 여러 가지 이유로 희망하는 진로가 중간에 변경될 수 있다. 또 친절한(?) 안내를 미처 받지 못해 '꼭 수강해야 할 과목을 수강하지 못한' 경우도 발생할 수 있을 것이다. 드물지만, 때로는 고2까지 이공계열 진학 의지가 전혀 없던 학생에게 갑자기 물리학과에 진학하고 싶은 마음이 폭풍처럼 샘솟을 수도 있지 않을까? 다소 극단적인 사례처럼 여겨지겠지만, 필자는 학교에서 어느 2학년 학생에게 실제로 이런 질문을 받았던 적이 있다.

> 선생님, 저는 원래 이공계열로 진학할 생각은 없었는데요… 갑자기 하고 싶은 일이 생겨서요. 2학년 때 물리 I 과목을 안 들었는데 혹시 3학년에 개설된 물리 II 과목을 신청할 수 있나요?

위 학생의 경우 2학년 때 물리 I 을 수강하지 못했으니 물리학과로 진학할 기회를 완전히 박탈당해 꿈을 접어야만 할까? 물론 물리 I 을 수강하지 않은 상태에서 물리 II 를 이해한다는 것이 다소 무리는 있다. 하지만 제도적으로 완전히 막힌 것은 아니다. 학교는 물리 I · II 를 위계에 맞게 편성해야 할 의무가 있지만, 사례의 학생처럼 진로 변경으로 인해 물리 I 을 수강하지 않았어도 3학년 때 물리 II 를 수강할 순 있다. 물론 위계가 있는 과목은 위계에 맞춰 듣는 것이 바람직하다. 학생의 입장에서도 물리 I 을 배우지 않은 상태로 물리 II를 바로 학습하는 것은 당연히 버거울 것이고, 심화 교육과정을 이해하기 위한 학생 개인의 부단한 노력도 반드시 필요하다. 단지 수강 기회가 완전히 막혀있지 않다는 점을 밝히기 위해 제시한 사례이니 오해가 없기를 바란다.

❓ 전공 적합성이 아니라 진로 역량에 주목하라

2021년에 〈5개 대학(건국대·경희대·연세대·중앙대·한국외대) 학생부 종합전형 공통 평가요소 및 항목 개선 연구(임진택 외, 2021)〉 결과가 공개되었다. 이 연구에서 눈에 띄는 점은 학생 선택중심 교육과정과 고교학점제를 반영해 학생부종합전형(이하 학종) 평가 요소 및 방법을 재정립한 것이다. 특히 진로와 관련된 부분을 살펴보면 '전공 적합성'으로 통칭하던 평가 요소가 진로 역량으로 개선된 것을 알 수 있다(44쪽 표 참조).

　기존의 '전공 적합성'이 학과의 입장에서 학생을 바라본 개념이라면, '진로 역량'은 학생에게 내재된 역량 자체에 관심을 보이는 개념으로 관점 자체가 달라졌다. 시대적 흐름을 반영했을 뿐 아니라, '진로'의 의미를 깊이 있게 탐구하고 성찰한 연구진의 노력과 통찰력이 새삼 대단하게 느껴진다. 그렇다. 진로나 학업 역량은 고정된 것이 아니라 변화하는 것이고, 도착점이 아닌 찾아가는 과정이며, 정체된 것이 아닌 발전을 거듭하며 앞으로 나아가는 현재 진행형인 것이다. 더군다나 학령인구의 감소 여파는 각 대학에도 직격탄이

| 현행 대비 학종 공통 평가요소 및 항목 개선안 |

현행		→	개선안	
평가요소	평가항목		평가요소	평가항목
학업역량	학업성취도		학업역량	학업성취도
	학업태도와 학업의지			학업태도
	탐구활동			탐구력
전공적합성	전공 관련 교과목 이수 및 성취도		진로역량	전공(계열)관련 교과 이수노력
	전공에 대한 관심과 이해			전공(계열) 관련 교과 성취도
	전공 관련 활동과 경험			진로탐색 활동과 경험
인성	협업능력		공동체역량	협업과 소통능력
	나눔과 배려			
	소통능력			나눔과 배려
	도덕성			
	성실성			성실과 규칙준수
발전가능성	자기주도성			
	경험의 다양성			리더십
	리더십			
	창의적 문제해결			

※자료: 임진택 외, 〈5개 대학 학생부 종합전형 공통 평가요소 및 항목 개선 공동 연구 결과〉, 2021

될 수밖에 없다. 우리 학교를 찾아온 한 명 한 명의 학생은 모두 대체 불가능한 존재이기 때문에, 모두가 중도에 이탈하지 않도록 정성껏 지도할 수밖에 없을 것이다. 과거에는 '우리 학과에 들어올 자격을 갖춘' 학생을 선발하는 시대였다. 하지만 고교학점제와 함께 '우리 학교에 와서 의미 있는 시간을 열심히 보낼 역량과 의지가 있는' 학생을 찾는 시대로 변화하고 있는 것이다.

'전공 적합성'이 중요한 평가 요소였기 때문에 일어난 촌극에 가까운 사례 하나를 소개하고자 한다. 이는 한 유명 입학사정관의 강의에서 접한 것이다. 해당 학생의 장래 희망은 '간호사'였다고 한다. 이 학생은 아마 고등학교 1학년 때 간호사로 진로가 정해졌는지 1학년부터 3학년까지의 놀랍게도 모든 교과 세특란에 '간호사'라는 단어가 명시되어 있었다고 한다. 말하자면 국어 시간에는 문학작품을 읽으며 '간호사의 고충'을 이해했고, 미술 시간에는 '그림을 통한 심리 치료와 간호사의 역할'에 대해 진지하게 탐구했다는 것이었다. 심지어 한문 시간에는 '간호사 간'이라는 새로운 상형 문자까지 만들어냈다고 하니 그 노력이 참으로 가상하게 느껴진다. 그런데 한편으론 짠하고 측은한 마음, 어른으로서 미안한 마음이 동시에 드는 것도 어쩔 수 없다.

자신의 관심 분야나 흥미와 관련한 다양한 활동에 참여하여 노력한 경험이 있는가?

3) 진로탐색활동과 경험	
정의	자신의 진로를 탐색하는 과정에서 이루어진 활동이나 경험 및 노력 정도
세부 평가 내용	·자신의 관심 분야나 흥미와 관련한 다양한 활동에 참여하여 노력한 경험이 있는가? ·교과활동이나 창의적 체험활동에서 전공(계열)에 대한 관심을 가지고 탐색한 경험이 있는가?

※자료: 임진택 외, 5개 대학 학생부 종합전형 공통 평가요소 및 항목 개선 공동 연구, 2021

위의 '진로 탐색 활동과 경험 관련 개선 요소' 표에서 정리한 것처럼 새롭게 정의된 진로 역량의 평가 요소 기저에는 다음과 같은 어른들의 희망이나 바람이 담겨 있다고 생각한다.

"진로 희망이 변한 것은 변한 것대로 인정하겠다. 다만 그 뜨거운 마음
만은 계속 유지하기를 바란다."

❓ 과목 수강보다 자체보다 중요한 것은 의미 있는 학습경험

전공 적합성에서 진로 역량으로 평가 요소가 달라진 만큼 앞으로 고등학교에서 중요한 것은 과목의 '수강' 자체라기보다는 수강한 과목에서 얻게 된 의미 있는 학습경험이다. 만약 뒤늦게 진로가 변경되어 몇몇 과목이 누락되었더라도 해당 영역에서 의미 있는 학업 역량을 보였다면 '소명'이 가능하다. 대학은 다음과 같은 학생들을 선호한다.

"(1) 주어진 교육과정 안에서 (2) 주도적으로 과목을 선택하여, (3) 의미 있는 학업성취를 보이는 학생"

(1)~(3) 요소가 조화를 이루는 것이 중요하겠지만, 굳이 이 중 가장 중요한 요소를 하나만 꼽자면 (3) 의미 있는 학업성취를 보이는이 아닐까? 다행히 대부분의 입학사정관 등 교육계 관계자들 역시 같은 목소리를 내고 있다. 이처럼 대학들 또한 과목 수강 그 자체보다는 의미 있는 학습경험이 이루어졌는지를 주목하고 있다는 점을 염두에 두고 학교에서도 학생들의 진로지도와 과목 선택 지도가 이루어져야 할 것이다.

❓ 학생 선택 중심 교육과정은 학생들의 진로 탐색에 어떤 도움을 줄까?

고등학교 2학년 7,000여 명을 대상으로 한 설문(이주연 외, 2020)에서 진로를 결정했다고 답한 학생은 68.5%, 아직 잘 모르겠다고 답한 학생은 31.5%였다. 시기상으로는 고등학교 1학년 때 진로를 결정했다고 답한 학생의 비율이 42.1%로 가장 높게 나타났다. 또 아직 진로를 정하지 못한 학생들이 가장 높은 비율로 꼽은 이유는 바로 '내가 무엇을 좋아하고 잘하는지 몰라서(54.7%)'였다(48쪽 표 참조).

그럴 만도 하다. 그동안 진로 탐색은 늘 성적에 후순위로 밀리며 유예되기 일쑤였기 때문이다. 하지만 이처럼 반복적으로 유예되던 진로나 자신에 대한 성찰은 이제 고교학점제와 함께 더 이상 유

| 학생들이 꼽은 진로를 정하기 어려운 이유 |

단위: 명(%)

구분	집단	내가 무엇을 좋아하고 잘하는지 몰라서	자신의 진로에 대해 구체적으로 생각해본 적이 없어서	진로에 대한 상담이나 조언을 충분히 받지 못해서	진로 결정을 위한 충분한 정보가 부족해서	희망했던 진로를 중간에 포기하게 되어서	기타	합계
전체		1,241 (54.7)	269 (11.9)	77 (3.4)	273 (12.0)	307 (13.5)	102 (4.5)	2,269 (100.0)

※자료: 이주연외, 2020

예될 수 없게 되었다. 즉 고등학교 1학년 때 '과목 선택'이라는 현실 앞에서 진지한 고민의 형태로 구체화된 것이다. 다만 과목 선택이 현실적으로는 진학과 밀접한 관련이 있는 것도 맞지만, 결코 그것만이 전부는 아니라는 점을 꼭 강조하고 싶다.

　문득 원론적인 질문을 하게 된다. '진로'란 무엇일까? 사람마다 정의하는 바가 다를 테지만, 목적지보다는 여정에 가까울 것이다. 정해지는 것이 아닌 찾아가는 과정에 가까울 것이다. 표면적으로는 단순한 과목 선택의 형태이지만 결국 고민의 끝은 '나는 무엇을 좋아하고 잘하지? 나는 누구지? 나는 무엇을 해야 하지?' 등일 것이다. 학생 선택 중심 교육과정이 학생들의 진로 탐색에 어떤 도움을 줄 수 있을지는 다음의 글에도 잘 나타나 있다.

"선택과목을 처음 신청하는 날이 왔다. 처음에는 호기심이 들었지만 곧 이어 나는 깊은 고민에 빠졌다. 그 이유는 아직 꿈이 없을뿐더러 내가 어떤 것을 좋아하는지도 모르고, 내가 무엇을 잘하는지도 몰랐기 때문이다. …(중략)… 아직 미래는 불확실하지만 그래도 이번 기회를 통해 생각을 정리할 수 있었고, 목표도 생겼다. 과목 선택과정에서 도움을 준 친구들과 선생님들에게 감사하다는 말을 전하고 싶다."

– 2021 S고등학교 '나의 과목 선택 이야기' 에세이 행사 중

고등학교 교육이
프로크루스테스의 침대가 되지 않도록

그리스 신화에는 특별한 침대를 가지고 있는 여관집 주인 프로크루스테스(Procrustes)의 이야기가 나온다. 프로크루스테스는 이렇게 장담했다.

"우리 여관에는 누가 와서 잠을 자든 침대 길이가 그 사람의 키와 정확하게 맞아떨어지는 침대가 있다."

그런데 놀랍게도 그의 말은 사실이었다. 왜냐하면 여관집 주인 프로크루스테스가 손님을 자신의 침대 길이에 맞게 조정했기 때문이

다. 예컨대 손님의 키가 너무 작으면 침대에 맞을 때까지 손님을 잡아 늘렸고, 손님의 키가 너무 크면 넘치는 만큼 발을 잘라내 버렸다. 이 이야기의 결말은 결국 프로크루스테스 자신 역시 침대의 크기에 맞게 몸이 잘리며 끝난다.

어쩌면 이 이야기를 현재 우리 고등학교 상황에 빗댄 것이 다소 과격한 비유라며 불편하게 느껴질 수도 있겠다. 하지만 고등학교에서 매일 학생들과 부딪히며 지내는 교사라면 누구보다 잘 알 것이다. 9등급 상대평가 피라미드 체제에서 윗자리를 차지하지 못한 전국의 수많은 학생들이 'EBS식 문제풀이' 수업을 반복하는 교실 안에서 어떤 잔인한 시간을 보내야 하는지 말이다. 물론 현재의 시스템 속에서 열심히 학업에 매진하여 높은 성취 수준을 보이는 학생들의 노력과 성과는 인정받아 마땅하다. 하지만 학교라면 나머지 학생들도 보듬어야 하지 않을까? 학업성취가 낮은 학생들의 삶 역시 학업성취가 높은 학생과 같은 비중으로 소중한데, 지금껏 우리 학교는 그 소중함을 등가로 취급하지 않았다고 생각한다.

〈2021년 학교 밖 청소년 실태조사〉 결과에 따르면 학교 밖 청소년(자퇴, 미진학, 면제 등 사유로 공교육을 받지 않는 청소년)이 학교를 그만둔 시기는 고등학교 때가 56.9%로 가장 많았다. 학교를 그만둔 이유로 가장 많이 꼽힌 것은 학교에 다니는 것이 의미가 없었기 때문(37.2%)이었으며, 지난 2018년 조사에 비해 다른 곳에서 원하는 것을 배우기 위해 학교를 그만두는 비율(29.6%)은 증가(6.2%p)하였다.

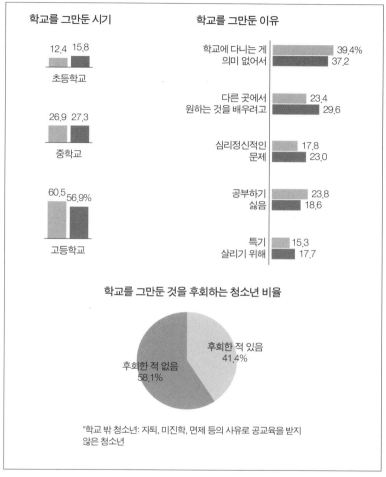

학교를 그만둔 시기

초등학교
12.4 15.8

중학교
26.9 27.3

고등학교
60.5 56.9%

학교를 그만둔 이유

학교에 다니는 게 의미 없어서
39.4%
37.2

다른 곳에서 원하는 것을 배우려고
23.4
29.6

심리정신적인 문제
17.8
23.0

공부하기 싫음
23.8
18.6

특기 살리기 위해
15.3
17.7

학교를 그만둔 것을 후회하는 청소년 비율

후회한 적 있음
41.4%

후회한 적 없음
58.1%

*학교 밖 청소년: 자퇴, 미진학, 면제 등의 사유로 공교육을 받지 않은 청소년

※자료: 여성가족부, 2021

학교 밖 청소년 실태조사

학교 밖 청소년이 학교를 그만둔 시기는 고등학교 때가 가장 많은 것으로 나타났다. 이들이 학교를 그만둔 이유로 가장 많이 꼽은 학교를 그만둔 이유가 '학교에 다니는 것이 의미가 없다'인 것은 공교육에 시사하는 바가 크다.

아이들이 지니고 있을, 혹은 아직 미처 구체화에 이르지 못한 꿈, 진로의 모습 등은 너무나도 다양할 것이다. 인간이라면 누구나 인생이라는 여정을 자신의 두 발로 터벅터벅 걸어가야만 하는 숙명을 지니고 있지 않은가? 학교는 그 험난한 여정 중 만나 머물게 되는 여관일 것이다. 때로는 잠시 지친 몸을 쉬기도 하고, 여관에 있는 다양한 사람들과 교류하기도 한다. 또한 다음 목적지로 가는 최선의 길을 신중하게 탐색하고, 힘차게 목적지를 향해 나아갈 수 있는 힘과 용기를 충전하는, 그런 곳 말이다. 학교라는 공간이 정말 학생들이 와서 '잠만 자다가 떠나는 여관'이 되지 않으려면 다양한 규격의 침대를 마련해주어야 한다. 나아가 침대뿐만 아니라 소파, 운동기구, 책상, 실험실, 도서관, 악기, 요리 도구 같은 것들도 제공할 수 있다면 더할 나위 없이 좋은 여관이 될 것이다.

고교학점제는 학교가
모든 학생의 진로 탐색을 돕고,
진로 역량 강화를 지원하는 체계를
갖추도록 할 뿐, 진로의 조기 결정을
종용하는 제도가 아니다.
앞으로 모든 학생이 학교에서 각자
의미 있는 학습경험을 쌓도록
진로학업설계 지도가
이루어져야 할 것이다.

수월성 교육

고교학점제도 뛰어난 학생만 주목하고 그들에게만 더욱 유리한 제도 아닌가?

학점제 하면 상위권 애들한테는 좋겠지…

심화과목 위주로 많이 개설할 테니까?

명문대 합격시키려면 할 수 없지 뭐…

맞아, 결과적으로는 그렇게 될 거야…

2021년 기준 전체 학교의 61%(일반계고 연구·선도학교의 경우 전체 일반계고 대비 55.9%)가 고교학점제 연구·선도학교로 지정되어 운영 중이다.[1] 또한 학생 선택과목 수도 늘었다. 2019년 연구학교를 시작한 학교들의 입학년도별 3개년 개설 과목 수 현황을 보면 57쪽 표와 같이 연구학교 운영 이후 학교 지정과목 수는 줄어든 반면, 선택과목 수는 꾸준히 증가했다.

....

1. 교육부, 2021.8.23, 보도자료 〈2025년 고교학점제 전면 적용을 위한 단계적 이행 계획〉, 2쪽

| 입학년도별 3개년 개설 과목 수 현황(2019년 시작 연구학교)[2] |

구분	2018년 입학생 (연구학교 운영 이전)	2019년 입학생 (연구학교 1년차)	2020년 입학생 (연구학교 2년차)
학교 지정 과목 수	29.7	25.6	24.8
학생 선택과목 수	30.2	38.3	40.6

상위권 학생을 위한
심화형 과목들만 많아지지 않을까?

학생들의 선택권이 확대되고 다양한 선택과목이 개설되면서 이에 대한 우려의 목소리도 적지 않다. 대표적인 우려 중 하나가 바로 많은 고등학교에서 상위권 대학입시에 유리할 것으로 짐작되는 심화형 과목을 줄줄이 개설함에 따라 성적이 우수한 학생의 선택과목만 많아지는 현상이다. 다시 말해 오히려 예전보다 수월성 교육[3]만 확대되고 두드러질 것이란 우려이다. 한편에서는 과학고, 외국어고나

2. 교육부, 2021.8.23, 보도자료 〈2025년 고교학점제 전면 적용을 위한 단계적 이행 계획〉, 2쪽
3. 뛰어난 능력을 가진 피교육자에 대하여, 그 능력을 개발하려는 교육

국제고에서나 개설되던 심화과목을 일반고에서도 개설할 수 있게 되었으니 일반고에서도 수월성 교육이 가능해졌다며 반기는 목소리도 일부 있다. 실제 교육부는 2019년 11월 7일에 2025년 외국어고·국제고·자율형 사립고 일괄 폐지를 발표하면서 "고교학점제 시행을 통한 일반고 교육역량 강화와 수월성 교육 확대"를 주요 근거로 내세우기도 했다.

학생들의 진로와 적성에 따라 과목 선택권을 보장하는 고교학점제가 도입되면 일반고에서도 수월성 교육이 가능해지는 것은 일정 부분 사실이다. 모든 학생에 대한 맞춤형 교육과정 제공에서 상위권 학생도 예외는 아니므로 당연한 결과이다. 하지만 결코 그것이 고교학점제의 주요 성과라 말할 순 없다. 필자는 고교학점제가 수월성 교육만은 아닌, 모든 학생에게 동등한 학업 기회와 학습지원을 제공하기 위한 **책임교육**이란 점을 강조하고자 한다.

고교학점제는 '모든 학생'을 위한 책임교육을 지향한다

고교학점제는 "학생이 기초소양과 기본학력을 바탕으로 진로 적성에 따라 과목을 선택하고, 이수 기준에 도달한 과목에 대해 학점을 취득·누적하여 졸업하는 제도"이다. 이러한 정의에 기반할 때, 학교에서 학생이 진로와 적성에 따라 과목을 선택할 수 있도록 다양한 과목을 개설해주는 것도 물론 중요하지만, 무엇보다 중요한 것은 학생이 '기초소양과 기본학력'을 바탕으로, 선택한 과목의 '이수기준'에 도달하여 '학점을 취득'할 수 있게 하는 것이 중요하다. 이는 고교학점제에서 최소 성취수준과 책임교육이 강조되는 것에서 충분히 짐작할 수 있다.

❓ 모든 학생이 학교에서 유의미한 배움을 추구할 순 없을까?

사실 고교학점제가 도입된 이유를 생각하면 책임교육의 강조는 당연하다. 모든 학생에게 평등한 출발선을 보장하는 것, 수업 시간에 마냥 책상에 엎드려서 잠자는 학생들과 학교생활에서 아무런 의미를 찾지 못한 채 겉돌며 방황하던 학생들에게 자신이 원하는 학교생활을 할 수 있도록 학생 맞춤형 커리큘럼을 제공하고 학교에서 유의미한 배움을 찾아갈 수 있도록 기반을 마련해주는 것이 고교학점제를 도입하게 된 주요 배경 중 하나가 아니었던가?

수업 내용을 전혀 이해할 수 없어도 어쩔 수 없이 듣고 있어야 했던 과거와 달리 학생 스스로 과목을 선택할 기회를 제공하는 것이다. 이를 통해 학생 자신이 원하는 수업을 듣고 자발적으로 참여해 집중하는 동안 배움이 있는 학교생활을 할 수 있게 된다면, 그것만으로도 고교학점제는 도입 취지에 충분히 도달한 것이다.

물론 현실은 그렇게 쉽고 간단하지 않다. 오랜 기간 학업 저성취를 반복적으로 경험하여 학습된 무기력에 빠진 학생들은 '수업'이라는 형식 자체를 받아들이기 거부하거나, 불과 10~20분의 집중도 어려워하기 때문이다. 게다가 학업에서 저성취가 오랜 기간 누적될수록 작은 시련에도 금세 포기하는 모습을 보이기 마련이다. 그런 학생이 다수를 차지한다면 아무리 다양한 과목을 학생들에게 제공한다고 해도 사실상 의미가 없어진다.

❓ 교육 3주체의 노력이 함께 어우러질 때 가능한 책임교육

수업을 통한 학생의 성장은 어느 한쪽의 일방적인 노력이 아니라 여러 노력들이 함께해야 비로소 이루어질 수 있다. 즉 다양한 선택과목을 제공하고, 또 충실히 이수할 수 있도록 적극 지원하는 학교의 노력, 선택한 수업을 충실히 이수하는 학생의 노력 등이 동반될 때 가능하다는 뜻이다. 그리고 그런 노력을 위한 최소한의 기준이 바로 성취기준에 따른 이수와 미이수의 도입이다. 미이수제란 학생이 과목을 이수하기 위해서는 최소 성취수준에 도달해야 하고, 최소 성취수준에 이르지 못했을 경우 해당 과목을 미이수하게 되는 제도이다. 과거처럼 미이수를 학생 개인의 역량에 맡겨두는 것이 아닌, 학교 교육의 책무성을 강화하는 것이 핵심이다. 다시 말해 학생들이 최소 성취수준에 도달하도록 지원하는 '책임교육'에 기반한다.

고교학점제 도입 이후 많은 연구·선도학교들에서 '책임교육' 운영을 위해 고심해왔다. '최소 성취수준'이 어느 정도 수준을 의미하는 것인가부터 어떤 프로그램을 어떤 방식으로 제공해야 할지 많은 논의를 하고 노력을 기울여 다양하게 시도하게 된 것이다. 단위학교의 특색에 맞게 또래 멘토링, 교육봉사, 방과후 수업, 대학생 멘토링 등 다양한 방법으로 프로그램을 제공하면서도 기본적으로는 학생 맞춤형 교육을 통해 미이수를 예방하는 지원을 했다는 것이

| 책임교육에 대한 학교의 각 주체별 업무 분담 |

교과 담당교사	·수업 및 평가 계획, 최소 성취수준 보장 지도 운영 계획 수립 ·상담을 통해 낮은 성취의 원인을 파악하고 학생 특성에 따른 차별화된 학습지도를 실시 ·전문상담이 요구되는 경우 평가 담당부장에게 알려 상담 지원이 이루어지도록 함 ·도달되지 않은 내용의 경우는 학생 수준에 맞는 개별 과제를 제시하고, 학생과 지속적인 소통 및 학습과정 관찰을 통해 성공적인 수행을 하도록 지원 ·주기적으로 학생을 만나 학습 진행과정을 확인하고, 평가 담당부장 등이 참석하는 교과협의회에 참석하여 학생 성장과 지원 내용에 대해 소통
담임 교사	·미이수 예상 학생 명단을 통보받은 후 지속적인 학생 관찰 ·학생이 성공적으로 특정 영역의 교과 역량을 성취할 수 있도록 일상적인 동기 부여
담당 부서	·최서 성취수준 보장 지도 운영 관련 학교 내부 규정 정비 ·학교 단위의 최소 성취수준 보장 지도 운영 계획 마련 ·각 교과별 최소 성취수준 보장 지도 운영 지원 ·학생, 학부모 대상 최소 성취수준 보장 지도 운영 관련 홍보 및 안내

※자료: 교육부, 2021

공통적이다. 교육부와 한국교육과정평가원에서 제공한 〈고교학점제 도입 · 운영 안내서〉를 보면 각 주체별 업무 분담이 꽤 상세하게 나와 있다. 그중 학교의 역할과 관련된 것을 살펴보면 61쪽 표와 같다. 이 내용에 따르면 학교는 학생이 최소 성취수준에 도달할 수 있도록 수업 및 평가에서부터 지도 계획을 수립하게 되어 있으며, 학생 상담을 통해 저성취의 원인을 파악하고 학생 맞춤형 학습 지도를 지원하게 되어 있다. 또한 전문 상담이 필요한 경우에 상담 지원을 함으로써 학생에게 필요한 프로그램을 제공한다. 학생이 특정

| 최소 성취수준 도달 학습을 위한 학생과 학부모의 역할 |

주체	역할
학생	·성취수준 향상을 위해 학습과정에 성실히 참여 ·학습 다이어리를 활용하여 계획적으로 학습을 관리 ·교과 교사와 주기적으로 만나 학습 내용에 대해 소통 ·개별적으로 주어지는 과제를 완수 ·어려움을 겪을 경우, 교과 담당교사에게 알리고 도움을 요청
학부모	·학생이 학업을 진행하는 데 어려움이 없도록 학생 중심으로 주변환경을 조성 ·학생이 과제수행 내용, 성취 정도 등에 대한 정보를 주기적으로 통보 받음 ·필요한 경우 학교 방문을 통해 담임교사, 교과 담당교사 혹은 담임교사와 협의

※자료: 교육부 · 한국교육과정평가원, 〈고교학점제 도입 · 운영 안내서〉, 184쪽

영역에 대한 관심이 있다면 관련 교과 역량을 성취할 수 있도록 동기를 부여하고 지원하는 역할도 하게 된다.

물론 비단 학교의 역할만 중요한 것은 아니다. 최소 성취수준 도달 학습을 위한 학생과 학부모의 책임의식도 중요하다. 왼쪽의 표를(62쪽 참조) 살펴보자. 이 내용에 따르면 학생은 학교에서 제공하는 프로그램에 대해 성실히 수행하고, 학부모는 학교와의 원활한 소통을 통해 자녀가 학업을 제대로 수행할 수 있도록 협력하게 되어 있다. 즉 학생과 학부모, 학교의 교육 3주체가 학생의 성취수준 도달을 위해 함께 노력할 것을 강조하는 것이다.

책임교육 구현을 위해 노력하는 학교들을 만나다

고교학점제 연구·선도학교들은 앞서 언급한 것처럼 고교학점제를 도입한 이후 책임교육을 실현하기 위한 고민을 많이 해왔다. 초창기에는 주로 학생 선택권을 보장하기 위한 다양한 과목 개설에 초점을 맞춰 학점제가 진행되었다면, 지금의 학교들은 최소 성취수준 보장을 위한 책임교육을 학점제의 가장 큰 과제로 여긴다. 다만 아직은 미이수제 도입 전이고, 책임교육 참여가 의무사항은 아니다 보니 학생 모집에 어려움이 있고, 학생 참여율도 생각만큼 높지 않다. 또한 최소 성취수준과 이수/미이수에 대한 개념이 우리 학교에 처음 도입되는 개념인 만큼 교사들도 혼란스럽고, 어떻게 지도해야 할지 난감해하는 것도 사실이다. 고교학점제가 진행되면서 현재 과목출석률(수업 횟수의 2/3 이상 출석)과 학업성취율(40%)을 충족할 경우 해당 과목을 이수하도록 하는 기준은 마련된 상태지만[4], 여전히 학교 현장에서 책임교육은 난감한 과제임에 분명하다. 그래서 여기서는 이런 어려움 속에서도 '학생 맞춤형 책임지도를 강화'하기 위해 노력한 세 학교의 사례를 제시하고자 한다.[5]

❓ 또래 학습을 적극 활용한 군위고등학교

먼저 소개할 것은 경상북도 군위고등학교(이하 군위고)이다. 고교학점제 도입 · 운영 안내서(2022)에 제시된 군위고의 책임교육의 특징은 또래 학습의 적극적인 활용이다. 즉 또래 멘토링을 통해 학생들 간의 교수-학습 활동이 이루어지게 했고, 학생들도 또래 간 학습이라 별 거부감 없이 참여했다. 멘토 학생에게는 교육봉사의 기회를 주는 것으로 보상했다. 멘토링의 질적 관리를 위해 멘토링 활동 후 일지 작성을 하도록 하고, 성취도의 변화도 관찰했다. 실제 멘토링 프로그램을 통한 학생 성취도의 변화 내용은 65쪽 표와 같다.

---

4. 〈고교학점제 종합 추진계획, 교육부, 2021.2.17.〉
5. 두 학교의 사례는 2022년 교육부와 한국교육과정평가원에서 발간한 〈고교학점제 도입 · 운영 안내서〉에서 발췌한 것이고, 나머지 한 개는 필자가 이전에 근무했던 학교의 사례임을 밝힌다.

| 경북 군위고등학교 또래멘토링 프로그램을 통한 성취도 변화 |

학년	교과	전	후
1학년	국어	17.10	31.12
		+14.02	
	영어	22.92	30.33
		+7.41	
	수학	13.51	21.43
		+7.92	
2학년	국어	27.70	23.70
		-4	
	영어	20.70	25.10
		+4.4	
	수학	15.08	21.92
		+6.84	

※자료: 교육부 · 한국교육과정평가원, 2022, 〈고교학점제 도입 · 운영 안내서〉, 185쪽

군위고의 운영 안내서를 보면 또래 멘토링이라 학생들이 거부감 없이 참여하는 모습을 보이긴 했지만, 일부 학습 의지가 없는 학생들을 대상으로는 자율적인 멘토링을 기대하기 어렵다는 평가를 내렸다. 또한 또래 멘토링 외에 교사가 중심이 된 별도의 프로그램을 통해 성취도 향상에 유의미한 결과가 나타나기 위해서는 질적 관리가 필요하다는 의견을 제시했다. 다시 말해 학생의 자발성을 기반으로 한 멘토링 활동은 학습 의지가 있는 학생들에게는 효과가 있지만,

반대로 학습 의지가 없는 학생의 학습을 또래인 멘토가 책임지기에는 어렵다는 판단에 따른 것으로 보인다.

❓ 미이수 예방 지도의 모범적 프로세스를 만들어가는 부명고등학교

두 번째로 소개할 것은 경기도의 부명고등학교(이하 부명고) 사례이다. 부명고 역시 고교학점제 도입·운영 안내서(교육부, 2022)에 제시된 사례이다. 이 학교는 미이수 예방을 위한 사전 진단을 통해 대상자를 선정하고 최소 성취수준 미도달 예방 프로그램을 진행한 것이 특징적이다. 2022년 도입될 미이수 예방 지도의 가장 모범적인 프로세스를 만들어 운영했다는 평가이다. 부명고에서 최소 성취수준 보장 프로그램을 진행한 절차는 67쪽의 그림과 같다.

그림에서 정리한 것처럼 최소 성취수준 미도달이 예상되는 학생을 사전에 선발하여 학생을 진단하고 미도달이 되지 않도록 지원했다. 그럼에도 불구하고 미도달이 된 학생들에게는 다시 미도달 학생 대상 지원 프로그램을 운영하고 프로그램 진행 후 평가를 통해 미도달 예상 학생을 지원하는 프로그램을 점검하는 과정을 진행했다. 미도달 예상 학생 지원 프로그램과 미도달 학생 지원 프로그램을 다 진행하고, 성취수준의 변화를 통해 지원 프로그램을 점검했다는 측면에서 의의가 있다.

그리고 최소 성취수준 미도달 예상 학생을 선발하기 위한 자체 진단 평가 문항을 개발하고, 최소 성취수준과 관련 문항을 연결해

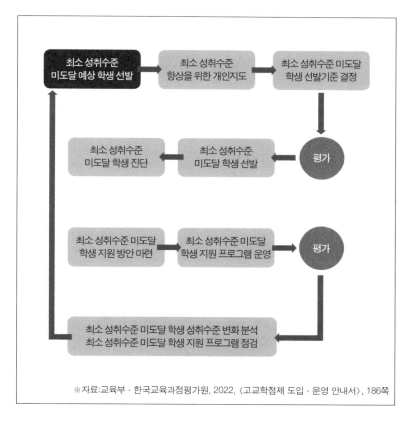

※자료:교육부 · 한국교육과정평가원, 2022, 〈고교학점제 도입 · 운영 안내서〉, 186쪽

부명고등학교 최소 성취수준 보장 프로그램 운영 절차

부명고의 최소 성취수준 보장 프로세스의 가장 의미 있는 점은 미도달이 예상되는 학생을 사전에 선발하여 진단하고 미도달 되지 않도록 지원하는 절차를 마련한 점이다. 미도달 학생뿐만 아니라 미도달이 예상되는 학생들도 함께 프로그램을 진행하였다.

서 개발했다는 점에서도 주목할 만하다(68쪽 그림 참조). 이는 부명고의 교사들이 최소 성취수준에 대한 개념을 잘 알고 있고, 미이수

제도에 대비해 학생 맞춤형 책임교육을 할 수 있는 역량을 갖추었다는 의미로도 해석할 수 있다.

부명고등학교의 최소 성취수준 미도달 예상 학생 선발 진단 평가

부명고등학교의 최소 성취수준 진술 및 관련 문항 개발

※ 자료: 교육부 · 한국교육과정평가원, 2022, 〈고교학점제 도입 · 운영 안내서〉, 186쪽

부명고의 수학 교과 최소 성취수준 진단을 위한 평가와 문항 예시

부명고는 교과별 최소 성취수준 미도달 예상학생을 선발 진단할 수 있는 평가 체제를 마련함은 물론, 교과별 최소 성취수준을 진단하기 위한 최소 성취수준 진술 및 관련 문항들을 개발하였다.

❓ 다양한 학생 맞춤형 미이수 프로그램 제공하는 갈매고등학교

끝으로 하나 더 소개하고 싶은 사례는 경기도 갈매고등학교(이하 갈매고)의 책임교육 운영 프로그램이다. 갈매고는 최소 성취수준 미도달 학생이 다수인 상황에서 책임교육 구현을 위해 다양한 노력을 기울여왔다. 기본적으로 학생 맞춤형 프로그램을 다양하게 제시하고, 신청한 학생과 담당교사와의 협력을 통해 학생 맞춤형으로 다시 개별화된 프로그램을 만든다. 기본적으로 학생에게 부족한 부분을 학생과 함께 진단하여 개별 학생 맞춤형 프로그램을 운영하는 것에 목표를 두고 있다(운영 과정은 70쪽 그림 참조).

갈매고의 책임교육 프로그램의 특징은 다양성이다. 학교생활에 적응하기 어려워하는 학생이 많은 점을 감안하여 국어 · 영어 · 수학 프로그램 외에 학생이 원하면 자기 탐색 프로그램에도 참여할 수 있다. 예컨대 MBTI를 활용한 자아성장 프로그램 같은 것도 있다(71쪽 표 참조). 이는 2021년 진행된 책임교육 프로그램의 일부이다. 이 프로그램은 교과 성취 수준 향상보다 학교생활 적응을 위한 자아존중감 향상이 우선인 학생들 대상으로 진행되었다.

이외에도 갈매고에서는 '수업량 유연화 16+1'을 활용한 책임교육 프로그램도 운영했다. 이 프로그램은 12월 기말고사 이후 1학년 최소 성취수준 미도달 학생을 대상으로 대학생 멘토링 수업을 일주일 동안 진행했는데 이 과정은 정규 수업시간에 이루어졌다. 대상자 학생들이 대부분 방과후에 남아서 수업을 듣는 것을 싫어하고, 기말고

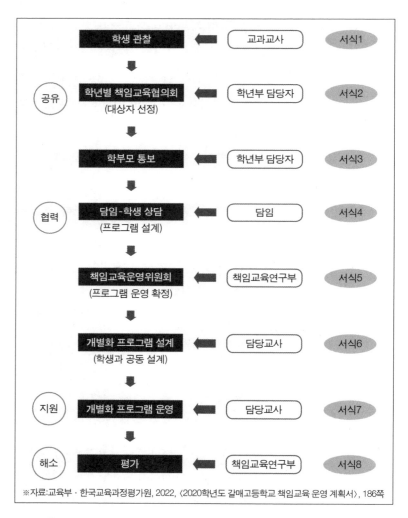

	학생 관찰	⇐	교과교사	서식1
공유	학년별 책임교육협의회 (대상자 선정)	⇐	학년부 담당자	서식2
	학부모 통보	⇐	학년부 담당자	서식3
협력	담임-학생 상담 (프로그램 설계)	⇐	담임	서식4
	책임교육운영위원회 (프로그램 운영 확정)	⇐	책임교육연구부	서식5
	개별화 프로그램 설계 (학생과 공동 설계)	⇐	담당교사	서식6
지원	개별화 프로그램 운영	⇐	담당교사	서식7
해소	평가	⇐	책임교육연구부	서식8

※자료:교육부 · 한국교육과정평가원, 2022, 〈2020학년도 갈매고등학교 책임교육 운영 계획서〉, 186쪽

갈매고등학교 책임교육 운영 흐름도

갈매고의 책임교육은 기본적으로 학생에게 부족한 부분을 학생과 함께 진단하여 맞춤형 프로그램 운영에 목표를 둔다.

| MBTI를 활용한 자아성장 프로그램 |

차시	교육 주제	주요 내용	준비물
1 · 2	MBTI이해 1	프로그램 소개 image 스토리텔링 MBTI Form-m 검사실시	성격심리카드 MBTI검사지
3 · 4	MBTI이해 2	지표별 이해 모둠별 과제활동 〈스파게티 탑쌓기〉	전지, 매직, 포스트잇 스파게티면, 마시멜로 종이테이프
5 · 6	MBTI이해 3	나의 심리기능 이해하기 진로분야 찾기	감정카드 전지, 매직, 포스트잇
7 · 8	PTS로 I 세우기	1. PTS활동지 /2. 모둠별 과제	PTS활동지
9 · 10	나의 가치관 세우기	밍글게임/가치관을 활용한 나 세우기	가치카드 / PTS활동지

※자료: 2021학년도 갈매고등학교 책임교육 운영계획

사 이후 정규 수업의 교육과정은 이미 마무리가 된 상황을 활용한 것이다. 이때 교사들이 학교생활기록부 작업으로 바쁜 것을 감안하여 강사는 사범대학의 대학생을 중심으로 구성했다. 프로그램의 내용은 주로 국어·영어·수학·사회·과학의 1학년 교육과정의 복습이다.

| 2020년 2학기 갈매고등학교 책임교육 운영 계획 국어 과목 운영 내용 |

차시	내용
1	• '향수' 구성요소 및 작품에 대한 이해 • '장마' 구성요소 및 작품에 대한 이해
2	• '개를 훔치는 완벽한 방법' 구성요소 및 작품에 대한 이해 • '한 그루 나무처럼' 구성요소 및 작품에 대한 이해
3	• '청산별곡' 구성요소 및 작품에 대한 이해 • '홍계월전' 구성요소 및 작품에 대한 이해
4	• 시조 – 눈 마자 휘어진 대를, 동짓달 기나긴 밤을, 두터비 파리를 물고
5	• 중세 국어와 현대 국어의 차이(9단원 국어의 어제와 오늘) • 음운의 변동(4단원)
6	• 음운의 변동(4단원) • 상황에 따른 문법 요소의 활용(5단원)
7	• 우리말 바로 쓰기(4단원) • 책임감 있게 글을 쓰려면(4단원)
8	• 책으로 세상 읽기(6단원)
9	• 듣기 · 말하기 방법의 다양성(5단원) • 우리말의 담화 관습 다시 보기(9단원)

책임교육은 왜 중요하고,
국가 차원의 지원이 필요할까?

고교학점제에서 다양한 과목을 학생에게 제공한다는 것이 상위권 학생에 대한 수월성 교육의 기회가 된다는 것 자체를 부인할 순 없다. 하지만 상위권 학생뿐만 아니라 학업 저성취 학생에게도 자신의 관심사에 맞는 과목 선택의 기회가 제공된다는 의미도 함께 강조되어야 한다. 그동안 획일적이고 제한적인 교육과정과 수업에서 오랜 시간 소외되었던 학생들이 드디어 자신이 원하는 과목을 선택하고 배울 수 있게 된 것이다. 이에 더해 고교학점제에서는 '책임교육'을 통해 교사가 수업에 대한 책임감을 갖고, 모든 학생이 과목을 이수하도록 지원한다.

이처럼 '책임교육'은 학생들에게 단지 과목 선택의 기회를 제공하는 데서 끝나지 않는다. 공교육을 받는 모든 학생들이 모든 과목에서 최소 성취수준에 도달할 수 있도록 학교가 지원한다는 측면에서 책임교육은 고교학점제의 중요한 기반이 된다. 특히, 사회적 불평등과 양극화가 날로 심화되며, 이에 따른 교육격차도 심해진 상황에서 기울기를 고려한 평등한 출발선을 보장하는 학교 교육을 구현하고자 한 것이 고교학점제의 도입 배경이라면[6] '책임교육'이야말

---

6. 교육부 · 한국교육과정평가원, 2022, 〈고교학점제 도입 · 운영안내서〉, 15쪽

로 고교학점제에 가장 중요한 의미라고 할 수 있을 것이다.

앞으로 학교 현장에서 '책임교육'이 제대로 정착되기 위해서는 학교에 대한 국가의 지원방안이 뒷받침되어야 한다. 학교 현장에 새로운 제도가 도입될 때마다 부담과 혼란은 생기기 마련이다. 이는 책임교육도 마찬가지일 것이다. 특히 정규 수업에 집중해야 하는 교사들은 다과목 지도와 함께 최소 성취수준 보장이라는 또 다른 부담을 안게 되었다. 이러한 부담을 조금이나마 해소할 수 있도록 교사에 대한 지원 및 교원 수급에 대한 현실적인 방안 마련이 시급하다. 그리고 이런 문제에 대한 해결은 단위학교의 노력만으로는 역부족이다. 따라서 고교학점제의 안착을 위해서라도 국가적 차원에서의 지원이 시급하게 이루어져야 할 것이다.

고교학점제는 학업성취가

우수하건 저조하건 모든 학생을

아우르는 맞춤형 학업 기회 및

학습지원을 제공하는

모두의 책임교육을 추구한다.

오해와 진실 04

입시와의 부조화

우선 대학입시부터 혁신하고
고교학점제를 도입해야지
지금은 시기상조 아닐까?

입시제도의 큰 변화 없이 고교학점제가 제대로 될까?

그렇지, 우리나라는 기-승-전-입시잖아…

맞아… 취지대로 운영되기가 쉽지 않지…

게다가 정시 확대 분위기인데, 제대로 되겠어?

아직도 학교 현장에는 고교학점제
의 취지에는 공감하지만, 현재 대입제도에서는 취지대로 안착이 쉽
지 않을 거라고 말하는 사람들이 적지 않다. 이런 주장을 하는 사람
들은 먼저 대입제도가 제대로 개선될 때까지 기다리면서 보완해 나
가는 것이 합리적이라며 신중론을 쉽게 굽히지 않으려고 한다. 지
난 2019년의 대입제도 개선을 위한 공론화 과정의 결과물로 서울
지역 대학들이 정시 전형 선발 비중을 40%까지 늘리게 되면서 이
러한 주장에는 더욱 무게가 실리는 것처럼 보인다.

(단위: 명)

구분	권역	수시모집	정시모집	합계	증감	
					수시	정시
2023 학년도	수도권	85,220 (64.7%)	46,562 (35.3%)	131,782	1,395 (-0.0%p)	825 (0.0%p)
	비수도권	187,222 (86.1%)	30,120 (13.9%)	217,342	8,669 (3.9%p)	-8,318 (-3.9%p)
	합계	272,442 (78.0%)	76,682 (22.0%)	349,124	10,064 (2.3%p)	-7,493 (-2.3%p)
2022 학년도	수도권	83,825 (64.7%)	45,737 (35.3%)	129,562	-6,443 (-4.8%p)	6,153 (4.8%p)
	비수도권	178,553 (82.3%)	38,438 (17.7%)	216,991	1,447 (0.9%p)	-2,051 (-0.9%p)
	합계	262,378 (75.7%)	84,175 (24.3%)	346,553	-4,996 (-1.2%p)	4,102 (1.2%p)

※자료: 한국대학교육협의회(2021), 2023학년도 대학입학전형시행계획 발표

물론 대입제도의 변화는 비단 고교학점제뿐만 아니라 우리나라에서 많은 고등학교 교육정책 과제의 분모 역할을 하는 것을 부인할 순 없다. 하지만 아무리 입시의 영향력이 막강하다고 해도 고등학교 교육이 과연 대입제도의 종속 변인에 불과한 것일까? 고교학점제는 정시 중심의 대입제도 때문에 우리나라에서 제대로 시행할 수 없을까? 그렇지 않다. 오히려 고교학점제를 통한 고등학교 교육의 혁신은 대입제도의 긍정적인 변화를 이끌어낼 독립 변인이 될 수 있다. 고교학점제와 대입제도 간의 몇 가지 오해를 풀어야 할 이유가 여기에 있다.

왜 입시 주요 과목 대신
선택과목을 개설해야 하냐고?

서울대학교는 2021년 7월, 〈2024학년도 대학 신입학생 입학전형 예고〉를 발표했다. 안내문에서 가장 눈길을 끌었던 부분이 바로 '전공 연계 교과 이수 과목'을 학과별로 명시해주었다는 점이다. 학생들에게 고등학교에서 어떤 과목을 선택해서 배워야 할지를 친절하게 안내해준 일종의 '설명서'인 셈이다. 서울대학교가 제시한 전공별 연계 교과 이수 과목 현황은 그동안 대입의 관점에서 고등학교 교육과정의 선택과목을 바라보는 관점이 얼마나 크게 왜곡되어 있는지를 보여준다. 즉 기존에 A학과에 진학하는 데 유리한 과목이 B와 C라고 확신하고 그것을 선택하도록 했던 과목 이수 지도 방향에 대해 다음과 같이 성찰적 자세로 바라볼 필요가 있음을 알게 된다.

첫째, 서울대학교에서 제시한 핵심권장과목과 권장과목[1] 모두 2015 개정 교육과정의 '보통교과'의 범위 안에 있으며, 그 과목 수도 생각보다 많지 않다. 쉽게 말해 '전문교과Ⅰ·Ⅱ'를 꼭 수강해야 할 필요는 없다는 뜻이다. 고등학교 교육과정의 보통교과들은 대부

---

1. 서울대학교(2021) '2024학년도 대학 신입학생 입학전형 예고'에 의하면 전공 연계 교과이수 과목(핵심권장과목 및 권장과목)은 학생이 희망하는 학과(부)에서 전공을 공부하는 데 도움이 되는 과목을 제시한 것이다. 모집 단위별 핵심 권장 과목은 학생이 희망하는 전공 분야의 학문적 기초 소양을 쌓을 수 있는 필수 연계 과목이며, 권장 과목은 모집 단위 수학을 위해 교육과정에서 배우기를 추천하는 과목이다.

| 서울대학교 전공 연계 교과 이수 과목 현황(발췌) |

모집단위		핵심권장과목	권장과목
사회과학 대학	경제 학부	-	·미적분, 확률과 통계
자연과학 대학	생명 과학부	·생명과학Ⅱ, 미적분	·화학Ⅱ, 확률과 통계, 기하
공과 대학	컴퓨터 공학부	·미적분, 확률과 통계	-
	화학생물 공학부	·물리학Ⅱ, 미적분, 기하	·화학Ⅱ 또는 생명과학Ⅱ
농업생명 과학대학	농경제 사회학부	-	·미적분, 확률과 통계
	바이오시스템 ·소재학부	·미적분, 기하	·물리학Ⅱ 또는 화학Ⅱ

※ 자료: 서울대학교, 2024학년도 대학 신입 학생 입학전형 예고

분 일반 고등학교에서 얼마든지 개설이 가능한 과목들이다. 다시 말해, 앞서 언급한 '전문교과 Ⅰ·Ⅱ'가 아닌 학교에서 제시한 선택 과목들만 충실히 공부해도 대학에서 전공과목을 배우는 기초소양 을 갖추는 데 충분하다는 의미이다. 따라서 고등학교는 선택과목의 확대보다 선택 범위의 확대를 위해서만 노력하면 될 것이다.

둘째, 그동안 학과의 이름만으로 유추하여 과목 선택을 권장했던 입시지도 관점에 일부 오류가 있었음을 보여준다. 위의 표는 서울 대학교에서 제시한 전공별 핵심권장과목의 일부를 정리한 것이다. 이 표를 살펴보면 사회과학대학 '경제학부'의 핵심권장과목은 없 고, 권장과목은 '학과' 이름으로 흔히 예상되는 '경제'나 '국제 경제' 가 아니라 '미적분'과 '확률과 통계'임을 알 수 있다. 또 공과대학의

'화학생물공학부'는 핵심권장과목으로 '화학'이나 '생물'이 아닌 '물리학Ⅱ', '미적분', '기하'를 들고 있다. 이러한 모순은 앞으로 고교학점제형 교육과정 운영과정에서 학생 개인별 진로학업설계를 통해 선택과목을 가이드하는 과정에서 충분히 메울 수 있다.

셋째, 고등학교에서는 교과목을 대입 합격 전략의 수단으로 여기는 반면에, 대학에서는 대학에 와서 공부하는 데 필요한 역량을 기르는 기초 학문으로 보고 있다는 점이다. 대학들이 고등학교 교육과정을 '대학에서 공부하기 위한 기초소양을 함양하는' 과정으로 보고 있다는 것에는 이견이 없을 것이다. '경제'라는 과목이 경제학부에 진학하는 데 유리한 수단이 되기 때문에 배워야 한다고 보는 것은 실은 고등학교 교사들의 관점일 뿐이다. 대학의 관점에서는 '경제'도 중요하지만, 그보다는 오히려 '미적분'과 '확률과 통계'를 제대로 학습한 학생이 경제학과의 전공과목들을 순조롭게 이수할 수 있다고 보는 점에서 양측의 확연한 관점 차이를 확인할 수 있다.

또한 어떤 대학은 '학생이 어떤 과목을 선택하여 배웠는지'와 함께 '교수학습평가의 과정에서 학생이 어떻게 공부했는가'도 학업과 진로 역량을 평가하는 중요한 잣대로 여긴다. 그러므로 교사들은 학생들이 학습과 평가의 주인공이 될 수 있도록 '결과'보다는 '과정'을, '성공'보다는 '성장'을 이끌어내는 교실 수업을 설계하고 운영하는 것이 중요하다. 문제풀이 중심의 기계적이고 단조로운 수업과 평가는 대입 수능을 준비하고 석차를 매기는 데에는 유용할지 몰라도 개별 학생의 학습 과정과 성장을 담보할 수 없다는 점에서 한계가 명확하다.

고교학점제는 학생들이 저마다의 개성을 발휘하여 자신에게 필요한 학습을 주체적으로 해나가는 것을 지원하고 있으며, 이를 위해서 학생은 상대적 순위에 따른 성적에 구애받지 않고 자신의 진로와 적성을 고려하여 자유롭게 과목을 선택할 수 있어야 한다.[2] 고교학점제는 모든과목에서 '성취평가제'를 적용하는 것을 지향하고 있다. 이를 통해 경쟁에 강한 학생이 아닌 협력과 소통을 통해 탁월함을 발휘하는 학생을 키워낼 수 있을 것이다.

어차피 분위기가 정시 확대인데, 고교학점제가 제대로 운영되겠어?

앞서도 잠깐 언급한 것처럼 교육부는 2019년 '대입 공정성 강화방안'을 통해 서울 지역의 대학들에게 2023학년도까지 정시 선발 비중을 40% 이상으로 확대하도록 했다. 그런데 각 대학들은 이 '공정해 보이는(?) 룰(rule)'이 적용되기 직전인 2021학년도만 해도 정시보다 학생부 종합전형(이하 학종)으로 훨씬 더 많은 학생을 선발했다(교육부·한국대학교육협의회, 2020).[3] 대학의 입장에서 학종은 훨씬

....
2. 교육부, 2021, 〈고교학점제 홈페이지-성취평가제 안내〉

더 많은 노력과 비용이 드는데도 왜 이 전형으로 학생들을 선발하려 했던 걸까?[3] 이는 학종으로 입학한 학생들이 정시를 통해 입학한 학생보다 학점이 우수하고 중도 이탈률이 현저히 낮다는 현실적 이유와 무관하지 않다.[4] 다음은 정시 전형 입학생의 진로 역량과 대학에서의 수학(修學) 능력을 우려하는 현장의 목소리다.

> "의생명과학계열 교수님들이 정시 전형으로 선발된 학생들을 답답해하는 이유는 다름 아닌 정시 합격자 중에는 고등학교에서 생명과학Ⅱ를 배우지 않은 학생들이 생각보다 많기 때문이죠."

결국 학과 공부를 제대로 수행할 만한 역량이 부족한 학생을 합격시켰다는 뜻이다. 실제로 이런 웃픈(?) 이야기가 세간에 떠도는 이유는 무엇일까? 그만큼 수능 중심의 정시 전형으로는 학생들의 전공 적합성을 제대로 평가하는 데 한계가 명확함을 여실히 보여준다. 아마도 정부에서 공정성을 명분으로 대입 정시 선발 비중을 더 늘리려는 의도를 가지고 있는 것에 대해 정작 각 대학은 불편함을 감추기 어려운 것이 진짜 속내일 거라 짐작한다.

....

3. 2021학년도 대입에서 서울 지역 15개 대학은 정시 전형 선발 비율이 29.5%(1만5236명)로 2020학년도(27.4%, 1만4261명)에 비해 2.1% 증가하는 추세 속에서도 가장 많은 학생을 선발하는 전형은 여전히 학종이었다. 전체 모집인원의 44%(2만2761명)를 학종으로 선발했는데 이는 전년에 비해서도 늘어난 수치이다.
4. 서울 상위권 대학들이 내놓는 학종 입학생과 정시 입학생의 학교 적응도와 학업 성취도에 대한 자료는 몇 년간 누적되어 뚜렷한 일관성과 타당성을 확보하고 있다.

서울대학교 2023학년도 대입 전형 시행 계획 중 정시모집 교과 평가

- 평가 자료 : 학교생활기록부, 교육과정편성표 등
- 평가 항목

㉮ 과목 이수 내용

평가 내용	교과학습발달상황 영역
• 교과(목)별 위계에 따른 선택과목 이수 내용 • 진로·적성에 따른 선택과목 이수 내용 　[예시] 공과대학 평가 : 수학, 과학 교과 이수 현황 등을 고려하여 평가 　[예시] 경제학부 평가 : 수학, 사회 교과 이수 현황 등을 고려하여 평가	교과(목) 이수 현황

㉯ 교과 성취도

평가 내용	교과학습발달상황 영역
• 기초 교과 영역 및 모집단위 관련 교과 성취도의 우수성을 평가함 • 과목 수준, 수강자 수, 원점수, 평균(표준편차), 성취도별 분포비율 등을 고려함	교과(목) 학업 성적

㉰ 교과 학업 수행 내용

평가 내용	교과학습발달상황 영역
• 교과(목)별 수업 활동에서 나타나는 학업수행의 충실도를 평가함	세부능력 및 특기사항

※자료: 서울대학교(2022), 2023학년도 대입 전형 시행 계획

서울대학교에서 2023학년도부터 정시 전형에서 학생부의 교과별 학업성취도를 '정성적인' 관점에서 평가하고자 하는 것도 비슷한 맥락으로 해석할 수 있다. 서울대학교는 2015 개정 교육과정 시행과 맞물려 서울대학교 2022학년도 정시모집 일반전형에 학생이 학교에서 나타낸 교과이수 충실도를 반영하는 '교과이수 가산점'을 도입하였고, 이를 본격적인 평가 요소로 활용하기 위하여 2023학년도부터 교과평가를 실시한다.

대학의 선발 제도 개선 방향은 비단 '성적이 우수한' 학생을 확보하는 것에 머무르지 않고, **탁월함을 내재한** 학생을 선별해낼 수 있는 '혜안'을 기르는 데 무게를 두어야 한다. 그런 차원에서 **질적 평가를** 지향하고, **과정과 동기**를 더 의미 있게 평가하는 '학종 전형'은 2015 개정 교육과정을 거쳐 고교학점제 도입 과정에서 타당성과 논리성이 더 적확(的確)해지는 모습을 보여주고 있다.

고교학점제형 교육과정 편성을 위해 노력하는 많은 학교들은 이미 학교 지정과목을 줄이고 학생 선택과목을 늘리고 있다. 그리고 과목을 **학기 단위**로 이수할 수 있도록 바꾸거나, 교과 영역 간 경계를 허물어 학생들의 과목 선택권을 최대한 보장하기 위한 노력을 선도적으로 기울이고 있다. 특히 비수도권의 학교들에게서 이러한 경향은 매우 두드러지고 또 신속하게 나타난다. 비수도권 소재 고등학교 학생들이 서울 주요 대학들에 진학할 수 있는 가장 넓은 길은 수시 전형 중에서도 학생부 종합 전형이다. 따라서 비수도권의 고등학교들은 학생들이 자신의 진로(대학 전공 학과)와 학업성취도에 맞는 과목을 이수할 수 있도록 돕는 것이 이른바 '인서울' 대학교의 학생부 종합 전형에 유리하다는 결론에 도달했다고 볼 수 있겠다. 수도권 지역 고등학교들 대다수가 여전히 대입 수능 위주의 입시 전략을 고수한 채 고교학점제형 교육과정으로의 변화에 머뭇거리고 있는 점과 묘하게 대비되는 모습이다.

수능 중심의 정시전형은 단지 '공정해 보이는 정도의 공정성'만

| 2023학년도 대학 수학능력시험 시행 기본 계획 |

영역 \ 구분	출제 범위(선택과목)
국어	· 공통과목: 독서, 문학 · **선택과목(택1): 화법과 작문, 언어와 매체** · 공통 75%, 선택 25% 내외
수학	· 공통과목 : 수학 I , 수학 II · **선택과목(택1): 확률과 통계, 미적분, 기하** · 공통 75%, 선택 25% 내외 · 단답형 30% 포함
영어	영어 I , 영어 II 를 바탕으로 다양한 소재의 지문과 자료를 활용하여 출제
한국사	한국사를 바탕으로 우리 역사에 대한 기본 소양을 평가하기 위한 핵심 내용 중심으로 출제
탐구 / 사회 · 과학 탐구	생활과 윤리, 윤리와 사상, 한국지리, 세계지리, 동아시아사, 세계사, 경제, 정치와 법, 사회 · 문화, 물리학 I , 화학 I , 생명과학 I , 지구과학 I , 물리학 II, 화학 II, 생명과학 II, 지구과학 II 17개 과목 중 최대 택 2
탐구 / 직업 탐구	1과목 선택: 농업 기초 기술, 공업 일반, 상업 경제, 수산 · 해운 산업 기초, 인간 발달 중 택 1 2과목 선택: 성공적인 직업생활 + 위 5개 과목 중 택1
제2외국어 /한문	독일어 I , 프랑스어 I , 스페인어 I , 중국어 I , 일본어 I , 러시아어 I , 아랍어 I , 베트남어 I , 한문 I 9개 과목 중 택 1

※ 자료: 교육부(2022)

지닐 뿐이다. 하지만 이러한 수능 시험마저도 과목을 선택하여 응시하는 영역이 점차 확대되고 있으며(87쪽 표 참조), 이는 2022 개정 교육과정의 과목 편제 개편과 더불어 가속화될 전망이다.

정시 전형에서의 교과 학습 발달 상황 반영과 과목 선택형 수능은 서울대학교가 정시 전형에서 적용하는 '교과 이수 기준 가산점' 제도와 더불어 고교학점제형 교육과정이 학교에 정착하는 데 적잖은 파장을 불러올 것이다. 최근 학생부 종합 전형을 내실 있게 운영해 오는 대학의 입학사정관들은 고등학교 학생부의 '교과 학습 발달 상황의 과목별 세부능력 및 특기사항'을 과목별 성취기준에 따른 학업 역량 중심으로 평가하고 있다. 또 대학의 입학처에서 '고등학교 선택과목'과 '교육과정'에 대한 연구를 거듭하고 현장 교사들의 목소리를 폭넓게 청취하고 있다. 이 모든 노력들은 고등학교 교육을 통해 대학에서 '수학(修學)하기에 충분한 능력'을 잘 키워온 인재를 선발하고자 하는 대학의 의지를 대변하는 것 아닐까?

과목 선택권 확대,
입시를 넘어 진로교육의 내실화로!

교실에는 참으로 다양한 학생들이 모여 있다. 크게 구분해도 대학 진학을 목표로 한 학생과 그렇지 않은 학생, 예술이나 체육 분야로 진출하고자 하는 학생들 등 제각각이다. 그동안의 고등학교 교육과정이 서울의 상위권 대학교 진학을 준비하는 학생들에게 최적화된 방향으로 경도(傾倒)되어 있었다면, 이제는 모든 학생들이 수업과 평가의 주인공이 될 수 있도록 균형을 맞추어야 할 때다. 앞서 언급한 것과 같이 일단 좋은 대학에 들어가기 위한 공부를 하는 것도 중요하지만, 대학에 가서 하고 싶은 공부를 제대로 할 수 있도록 공부하는 게 고등학교 교육과정의 본질에 훨씬 더 가깝지 않을까? 생명과학자가 되고 싶은 학생, 로봇 윤리학자가 되고 싶은 학생, 커피 바리스타가 되고 싶은 학생, 크리에이터가 되고 싶은 학생들 등등 다양한 진로를 희망하는 학생들이 있다. 이들은 모두 학교에서 각자 대입 수능을 준비하기 위한 과목과 함께 저마다 진로에 맞는 '역량'을 기를 수 있는 수업도 들을 수 있어야 한다.

다만 오해가 없기를 바라며 덧붙인다. 과목 선택권 확대가 앞으로 일반고등학교에서도 바리스타나 파티셰가 되려는 학생을 위해 '커피의 이해'나 '제과·제빵'[5]과 같은 과목을 개설해주어야 한다는 뜻은 아니다. 예컨대 바리스타는 커피를 잘 추출하는 기술도 필요하지만, 새로운 커피를 블랜딩할 수 있는 '창의적 역량'과 스토리텔링을 통해 커피를 더 풍부하게 즐길 수 있도록 돕는 '의사소통 역량', 코와 입뿐만 아니라 눈과 귀로도 즐길 수 있는 커피를 만들 수

---

5. 전문교과 II의 선택과목으로서 일반고에서는 시설이나 강사 수급 문제로 개설이 어렵지만, 특성화고등학교와의 공동교육과정을 통해 이수하는 학생들이 늘어나는 추세이다.

있는 '심미적 역량'도 필요하다. 또 로봇 윤리학자가 되는 것이 꿈인 학생은 대학에 개설되어 있지 않은 '로봇 윤리학과'를 찾지 못해 방황하는 대신 고등학교 교육과정에 개설되는 '인공지능 기초', '인공지능 수학', '윤리와 사상', '생활과 윤리', '철학'과 같은 과목을 이수해 간(間)학문적 역량을 갖추는 것이 중요하다.

고교학점제형 교육과정은 그러한 '역량'을 길러줄 수 있는 교과 성취기준을 마련하고, 수업과 평가를 통해 다질 수 있다. 고등학교 졸업 후 대학이나 사회에 나아가서 발휘하게 될 역량을 길러주는 과목들은 보통교과에서도 얼마든지 찾아볼 수 있다. 학생의 수요를 반영한 교육과정을 마련하고 진로와 수준에 맞게 다양한 과목을 선택할 수 있는 권한을 부여하는 것은 교실에 있는 모든 학생의 꿈과 미래를 존중하기 위해 꼭 필요한 과정이다.

언제까지 대학입시 탓만 하며 혁신을 머뭇거릴 것인가?

'기-승-전-대입제도'가 버티고 있는 한 아무리 좋은 교육 정책들도 학교에서 제대로 꽃을 피울 수 없다는 전설 같은 이야기는 여전히 고교학점제를 선뜻 받아들일 수 없는 학교 현장의 신중한 입장에 비빌 언덕이 되어준다. 하지만 좀 더 냉정하게 생각해보자. '교과 중심의 수시 전형'과 '학생부 종합 전형'의 확대라는 대입제도의 긍정적 변화가 꾸준히 이어져 왔음에도 불구하고, 고등학교 교육의 변화는 왜 이리 더디기만 할까. 정말 대학입시에 종속된 탓에 고등학교 교육이 혁신하지 못한 것인가, 아니면 혹시 대학입시라는 굴레를 스스로 눌러 쓴 채 마냥 혁신을 미뤄 왔던 것은 아닐까.

고교학점제는 교육과정과 수업, 평가의 패러다임을 전환하고 민주적인 학교 문화를 만들어갈 수 있게 해줄 것이다. 이는 그저 상투적인 표현이 아니라 고교학점제 연구·선도학교에서 이미 이러한 학교 혁신이 실제로 이루어지고 있는 모습에서 뚜렷하게 확인할 수 있다. 앞으로 대입제도를 비롯한 각종 교육정책들도 고교학점제의 프레임에서 변화를 모색해야 할 것이다.

고교학점제를 먼저 시작하고 이미 성공적으로 정착시킨 미국, 캐나다, 핀란드, 영국, 프랑스, 싱가포르 같은 국가들의 대입제도는 고등학교 교육과 대학입시가 자연스럽게 연계되고 있다. 다시 말해 고등학교 교육과정을 제대로 이수함으로써 학생들이 대학 진학을 위한 준비를 마칠 수 있게 설계한 것이다. 이들 국가들은 모두 내신이 대입에 중요하게 반영되고 있으며, 졸업자격시험을 대입에 반영하고 있는 국가들도 있다. 당연히 고등학교의 내신 평가 방식은 성취평가제, 즉 절대평가이다(주주자, 2018). 이들 국가가 경쟁을 강조하는 상대평가 대신 절대평가 방식으로 학생을 평가하기 때문에, 그리고 고교학점제를 시행하고 있기 때문에 우수한 인재를 배출하지 못하거나 대학 교육이 후퇴했다고 분석하는 전문가는 아마 없을 것이다.

고교학점제를 앞서 도입한 학교들은 학점제를 통해 학생들의 진로와 수준에 맞는 다양한 과목들을 개설하고 학생의 특성에 맞는 학습경험을 제공하기 위해 부단히 노력하고 있다. 그리고 학생을 성장으로 이끄는 과정중심 평가와 수업을 점차 정착해 나가고 있다. 고교학점제를 통해 학생들의 잠재력과 역량을 이끌어내는 교육의 꽃을 피워내고 있는 것이다. 그런데 정작 교육부는 고교학점제 실천을 통한 학교 교육의 혁신을 고등학교에 주문하고서도 '정시 확대'라는 참으로 언밸런스한 추가 주문을 덧붙여 훼방하고 있다. 마치 뜨거운 아메리카노를 주문했지만, 거기에 얼음을 잔뜩 부어 버려 미지근한 커피로 만들어버리는 것과 같은 모순이다(김성천, 2021). 이제 교육부와 대학이 변화할 차례다. 교육부와 대학은 고교학점제를 통해 양성된 미래형 인재를 제대로 받아들일 수 있는 대입 선발제도를 과연 마련해두었는지 묻고 싶다.

이미 주요 대학들은

고교학점제 교육과정에 입각해

선발기준을 정리해나가고 있다.

따라서 입시를 핑계로 주저하기보다

학생의 미래를 준비하는 장기적인

진로 교육의 관점에서 고등학교 교육을

혁신해 나가는 것이 타당하다.

일반화 문제

연구학교니까 가능했던 거지
일반고에서 고교학점제가
제대로 될 수 있겠어?

그 학교야 고교학점제 연구학교니까…

맞아, 여러모로 지원이 많이 되니까 우리랑은 다르지…

그러니까 일반고에서 감당할 수 있겠어?

아마 그 학교도 연구학교 끝나면 도루묵일걸?

벌써 몇 해 전 일이다. 어느 연수회에서 고교학점제 연구학교 및 선도학교를 운영했던 사례를 발표한 적이 있다. 이때 현장에서 직접 들었던 말이 있다.

"그거 ○○고등학교니까 가능하지, 우리 학교에서는 택도 없는 이야기야!"

실제로 필자가 근무했던 학교는 자율형공립고등학교로 초창기부터 고교학점제 연구학교를 운영하였고, 교육과정 전국 최우수교에

선정되는 등 소위 '고교학점제 진도'를 빨리 소화한 학교였다. 연구학교는 일반 학교에 비해 일시적으로 인적·물적 자원이 풍부해지는 유리함이 있는 것은 사실이다. 이러한 이유로 '연구학교에서 이런저런 성과가 있었고 운영을 충분히 해냈으니, 모든 학교에도 일반화가 가능하다.'라는 명제는 항상 성립하지 않을 수 있다.

세상에 똑같은 학생이 없듯, 학교도 마찬가지이다. 그만큼 각 학교의 모습이나 역량 등의 조건이 다양할 수밖에 없다. 큰 학교, 작은 학교, 대학 진학 결과가 좋은 학교, 야구를 잘하는 학교, 사건 사고가 많은 학교 등등 이러한 각양각색의 상황에서 고교학점제가 몇몇 역량 있는 연구학교에서만 가능한 제도라면 정말 심각한 문제이지 않을까? 어쨌든 2025년부터는 전국의 모든 고등학교에서 고교학점제를 운영해야 할 테니 말이다. 연구학교, 선도학교, 일반학교를 다 겪어본 필자의 경험에 기반해 고교학점제가 정말 연구학교에서만 운영 가능한 제도인지, 아니면 오해인지 살펴보고자 한다.

세상에는 이름만 연구학교도 있고, 멋진 교육과정을 운영하는 일반고도 있다

교육부는 고교학점제의 기반 조성을 위해 2018년부터 고교학점제 연구·선도학교를 지정해 운영하고 있다. 교육부에서 운영하는 고교학점제 홈페이지[1]에 따르면 2022학년도 현재 전국의 고교학점제 연구학교, 선도학교의 숫자는 아래의 표와 같다. E-나라지표[2]에 등록되어 있는 2021학년도 기준 전국 고등학교는 2,375개이다. 계산해보면 전국의 약 60.5%, 즉 절반을 훌쩍 넘는 학교가 연구학교나 선도학교를 운영 중인 셈이다. 게다가 2021년에 발표된 교육부의

| 전국의 연구학교와 선도학교 현황 |

지역	연구학교	선도학교
서울	13	60
부산	6	91
대구	6	60
인천	2	60
광주	4	48
대전	2	38
울산	2	28
세종	0	16
경기	9	383
강원	4	63
충북	14	39
충남	1	63
전북	1	69
전남	5	86
경북	7	117
경남	9	108
제주	1	22
합계	연구학교: 86 선도학교: 1,351	

※자료: 고교학점제 홈페이지(https://www.hscredit.kr/)

....
1. 사이트주소는 https://www.hscredit.kr이다.
2. 사이트주소는 http://www.index.go.kr이다.

〈고교학점제 단계적 이행계획(안)〉에 따르면 2024학년도까지 연구학교, 선도학교 비중을 100%까지 확대할 계획이며, 경기도의 경우 2022년 현재 고교학점제 선도학교의 비중을 100%로 확대했다. 그렇다면 연구·선도학교의 비중이 100%에 가까워지고 있으니 고교학점제 준비가 무리 없이 진행되고 있다고 보는 것이 타당할까? 물론 그건 아니다. 정책에 의해 양적으로 확대된 측면이 없지 않기 때문이다. 또한 연구학교에 비해 선도학교의 수가 훨씬 많은데, 두 학

	기반 마련	운영체제 전환	제도의 단계적 적용		고교학점제 전면 적용
	~2021	~2022	~2023	~2024	2025~
수업량 기준	단위	단위 (특성화고: 학점)	학점		학점
총 이수학점	1~3학년 204단위	1학년 204단위	1학년 192학점	1학년 192학점	1학년 192학점
		2학년 204단위	2학년 204단위	2학년 192학점	2학년 192학점
		3학년 204단위	3학년 204단위	3학년 204단위	3학년 192학점
연구·선도학교 비중*	55.9%	84%	95%	100%	고교학점제 안정적 운영

※ 자료: 교육부, 2021

고교학점제의 단계적 이행 계획(안)
교육부는 2025년 고교학점제 전면 도입까지 그림에서 정리한 것처럼 2021년까지는 고교학점제 기반을 마련하는 시기로, 2022년은 운영체제를 전환하는 시기로, 2023~2024년은 단계적으로 제도를 적용하는 시기로 이행 계획을 마련하였다.

교의 차이는 무엇일까? 교육부에서 밝힌 연구학교와 선도학교의 차이점은 아래 글상자와 같은데, 그냥 개념만 놓고 보면 실제 어떤 차이가 있는지 쉽게 구분하기 어렵다.

이해를 돕기 위해 현장의 언어로 표현하자면, 연구학교는 더 많은 예산을 지원받으며, 초빙 등의 권한을 활용해 우수 교원을 미리 확보할 수도 있다. 또한 승진 가산점과 같은 인사상의 이점도 있고, 혁신적인 학교 문화가 형성될 가능성도 일반 학교에 비해 높다. 시도교육청 상황에 따라 다를 수 있기 때문에 필자가 근무하고 있는 지역에 한정해 살펴보면, 선도학교는 일부 예산상의 지원을 제외하면 연구학교가 지니는 이점을 누리지 못한다. 선도학교와 일반학교

연구학교와 선도학교의 비교

• 고교학점제 연구학교
  학점제 운영을 위한 우수 모델을 발굴하고, 제도 개선 및 소요 인프라 규모를 파악하기 위해 교육부 요청에 따라 시 · 도교육청이 지정하는 학교

• 고교학점제 선도학교
  시 · 도교육청 및 학교의 자율성과 특수성을 고려하여 지역별 다양한 운영 모델을 발굴 · 확산하는 데 목적이 있어 시 · 도교육청이 학교의 자체 계획을 평가하여 지정 · 운영하는 학교

중간쯤의 위치로 생각하면 적당할 것이다. 여기서 주의해야 할 점 하나. 연구학교 - 선도학교 - 일반학교의 위계 순으로 고교학점제 준비 상황이 진행되고 있다고 인식되지 않았으면 좋겠다. 이름만 연구학교인 학교도 있을 것이고, 일반학교지만 멋진 교육과정을 운영하는 학교도 분명 있을 테니 말이다.

"그땐 그랬지…" 화려했던 연구학교 시절이 끝나고 학교는 어떻게 됐을까?

앞서 밝혔지만, 필자가 근무했던 고등학교는 고교학점제 기반 조성 초창기(2018년경)부터 연구학교로 지정되어 아무도 가본 적 없

고교학점제 기반 조성 초창기 2018~2020 연구학교 운영 중점

• 교육과정부 신설 및 교과교육부 중심 행정 부서 개편
• 학생 선택 중심 교육과정 운영
• 선진형 교과교실제 전면 운영(모든 교시 이동 수업!)
• 교육과정 운영 규정 마련
• 수업 개선 장려 & 수업 개선 노력 분위기 팽배

는 길을 먼저 걸었었다. 앞페이지(101쪽 참조) 글상자에 정리한 것이 바로 그 당시 시도했던 중요한 사안들이다.

2022년의 관점으로 보면 이제는 일반학교에서도 충분히 볼 수 있는 모습이라 대단하거나 특별한 건 없어 보인다. 하지만 당시만 하더라도 꽤 파격적인 시도였고, 엄청난 시행착오를 거치며 만들어 낸 일종의 '스탠다드' 방안이었다. 수많은 언론과 연구 기관, 당장 뭔가를 해야 하는 전국의 학교 등 외부인의 방문도 잦았다. 화양연화(花樣年華), 화려했던 그때 그 시절의 이야기다.

모든 이의 청춘이 아름답게 느껴지는 것은 꽃을 피우는 찬란한 순간이 짧기 때문 아닐까? 학교 조직도 이와 크게 다르지 않아 필자가 근무했던 학교도 시간이 지남에 따라 자율형 공립고의 지위를 내려놔야 했고, 그로 인해 많은 자원을 잃게 되었다. 연구학교가 종료되면서 말 그대로 '일반고'가 된 것이다. 당연히 뭔가 변화가 생기는 것이 자연스러울 터. 오른쪽 표(103쪽 참조)는 필자가 느낀 점을 기반으로 정리한 변화의 양상이다.

물론 이러한 변화의 양상은 필자의 개인적 견해가 포함된 것이다 보니 일부 부정확한 부분도 있을 것이다. 하지만 '이전에 비해 여건이 좋지 않아졌다.'라는 점은 분명했다. 그중 가장 큰 변화가 느껴졌던 부분은 역시 인적 구성의 변동에 따른 학교 문화의 변화였다. 하지만 관리자나 교원이 정기적으로 순환할 수밖에 없는 공립고의 특성상 어쩔 수 없이 받아들여야 하는 부분이기도 했다. 고교학점

| 연구학교 운영 당시와 일반고 전환 후의 비교 |

여건	정체성	초빙 가능 교원 비율	교육과정 관련 예산	인적 구성	학교 문화
연구학교 운영 당시 (2018~2020)	자율형 공립고 (+연구학교)	100%	1억	상대적 연령대 낮음 (30~40대 비율 높음)	변화와 혁신에 익숙한 풍토. 수업 개선에 관심 多
연구학교 종료 이후 (2021~)	일반고 (+선도학교)	0%	3,000만원	상대적 연령대 높음 (40~50대 비율 높음)	일반적 학교의 시스템으로 돌아가려는 움직임 多

제의 취지에 맞게 어렵게 구축해놓은 시스템이 누군가에는 못내 불편하고 어색하게만 느껴졌을 것이다.

> "자, 이제 연구학교도 끝났는데, 우리도 다른 학교처럼 평범하게 좀 운영합시다. 과목 분산되면 애들 입시에 도움 안 돼요."

실제로 위와 같은 의견이 기획회의 시간에 종종 나오는 것도 어색하지 않은 일이 되었다. 그럼 학교는 결국 연구학교 이전으로 되돌아갔을까? 다행히 한번 구축된 조직의 문화나 시스템에는 자생력이 존재한다. 그 덕분에 학교는 연구학교 때와 크게 달라지지 않은 모습으로 잘 운영되었다. 오히려 어떤 영역에서는 '양보다 질'에 집중하며 연구학교 때보다 더 좋은 성과가 나오기도 했다. 필자는 연구학교 종료 이후에도 고교학점제 체제에 맞는 학교 운영이 가능함을 몸으로 경험했지만, 여기에는 전제조건이 따른다. 그것은 바로 연구학교 시절의 경험이 남긴 '인적·문화적 유산이 잔존한 상태였기 때문에 가능'했다는 점이다. 이 부분에서 연구학교의 효용성을 찾을 수 있지 않을까? 〈연구학교에 관한 규칙〉 [교육부령 제1호, 2022. 4. 11. 일부개정]에는 연구학교의 역할이 명확히 나타나 있다. 그 내용을 잠시 짚어보면 다음과 같다.

> "연구학교는 교육정책, 교육과정, 교육 방법 및 교육 자료 등과 관련된 문제를 연구하고 결과를 보급·활용함으로써 교육 발전에 이바지함을 목표로 한다."

굳이 비유하자면 연구학교는 '저 멀리 보이는 태풍 속으로 먼저 들어가 많은 경험을 해보고, 곧 태풍을 경험하게 될 많은 학교에 자신의 경험을 들려주는 선구적 학교'인 셈이다.

많은 비로 여기저기 깊은 웅덩이가 생겨 걷기 어려우니 장화도 준비하는 것이 좋겠어요.

생각보다 바람이 훨씬 더 강합니다. 우산이 부러질 수 있으니 비옷도 준비하세요.

이처럼 실제 경험에서 우러난 진정성 있는 이야기를 들려주는 역할 말이다. 전국의 수많은 연구학교에서 쌓인 5년간의 경험은, 고교학점제를 실행하기 위해 학교에서 반드시 해야 할 일과, 힘을 주지 않아도 되는 일을 구분할 수 있게끔 해주었다. 이러한 경험들이 하나둘씩 모여 일종의 '고교학점제 스탠다드'에 대한 공통된 의견이 형성되고 있으며, 그 덕에 이제 막 학점제를 시작하려는 학교는 시행착오를 크게 줄여가며 준비할 수 있을 것이다. 그렇다면 연구학교와 선도학교가 온몸으로 비바람을 맞아가며 체득한 '고교학점제 운영을 위해 학교가 반드시 해야 할 일'은 무엇일까?

고교학점제 운영을 위해 단위학교는 무엇을 해야 하는가?

106쪽의 표는 고교학점제 연구학교 운영안내서(교육부, 2021)에 제시된 고교학점제 도입을 위한 연구학교 중점 운영과제이다. 모든 과제를 척척 잘 수행해내는 학교도 있는 반면에, 그렇지 못한 학교도 많다. 고교학점제 기반 조성 도입 초기(2018~2020)만 해도 대부분의 학교가 가장 몰두했던 것은 '교육과정 다양화'이다.

그때만 해도 대다수의 학교에서 가능한 많은 과목을 개설하고, 그럴싸해 보이는 전문교과 I · II를 개설하는 것이 고교학점제를

| 고교학점제 도입을 위한 연구학교 중점 운영과제 |

운영 내용	중점 운영 과제
1. 준비 단계	1) 교육과정 편성 규정 마련 2) 교육과정 전담 부서 설치 3) 교육과정 이수 지도팀 구성
2. 학생 선택형 교육과정 편성 운영	1) 선택과목 안내 2) 선택과목 수요조사 실시 및 수강신청 대상 과목 확정 3) 학업설계 지도 및 수강신청 4) 다음 연도 교육과정 확정 5) 개인별 시간표에 따른 선택과목 수업
3. 진로 및 학업설계 지도	1) 진로 및 학업 상담 내실화 2) 체계적 학업설계 지도 3) 진로집중학기제 운영을 통한 고1 학사운영 구안
4. 학생 수업 및 평가 내실화	1) 선택과목 수업 개선 2) 온라인 활용 수업 활성화 3) 과정 중심 평가 활성화 및 학교생활기록부 기재 4) 성취평가 내실화 5) 학생 맞춤형 책임지도 강화(최소 학업 성취수준 보장 지도)
5. 학교 문화 및 운영 혁신	1) 교사 역할 변화 2) 협력적 문화 형성
6. 학점제형 학교 공간 조성	1) 홈베이스 및 도서실 활용 2) 다양한 학습공간 조성

잘 준비하는 방법이라고 생각하던 때였다. 이 시기에 필자의 학교에서도 무려 90개가 넘는 과목을 개설해 운영했는데, 당시 학교의 여건을 감안할 때 무리한 운영이었다. 결과는? 당연히 수업의 질 하락, 피로감 증가, 학생 만족도 하락 등의 현상을 직면하게 되었다. 이른바 종류는 많은데 딱히 먹을 것 없는 '뷔페식 교육과정'보다, 반찬 몇 가지라도 제대로 갖춰진 '한정식 교육과정'의 중요성을 실감한 것이다. 이러한 경험 덕분인지 요즘에는 '2015 개정교육과정 보통교과 내에서의 실질적 선택권 보장 여부, 학생의 진로학업설계지도 충실' 등 양보다 질에 관심을 갖는 것이 일반적 경향이다.

물론 모든 고등학교가 고교학점제와 관련된 모든 과업을 성취할 수 있다면 더할 나위 없이 좋겠지만 현실은 쉽지 않다. 보통은 학교 내부의 문제, 법령과 제도적 측면의 문제가 복합적으로 작용하기 때문에 '만병통치약'도 없어 보인다. 그럼 이번 오해의 결론으로 다가가 보자. 이제 학점제를 시작하는 일반 학교에서 고교학점제를 위해 반드시 성취해야 할 세 가지 과업은 아래와 같다.

- 2015 개정 교육과정 보통교과 중심의 실질적 선택권 부여
- 진로학업설계지도
- 학생 수업 및 평가의 내실화(수업 혁신 및 최소 학업 성취수준 보장 지도)

그럼 연구학교가 아닌 일반고에서 이러한 일들을 이뤄내는 것은 불가능할까? 개인적으로 그렇지 않다고 생각한다. 물론 '기존에 하던 대로'가 아닌 일정 부분 변화를 추구해야 하는 측면이 있기 때문에 쉬운 일은 아니겠지만, 그래도 불가능한 일은 아니다. 가만히 살펴보자. 앞서 열거한 3가지는 고교학점제의 성공을 위해 해야 하는 것이라기보다는, 학교라면 응당 갖춰야 할 가장 기본적인 성격의 과업이라고 봐야 하지 않을까? 또한 중요한 것은 '모두 연구학교처럼' 똑같이 따라하는 게 아니라 '연구학교가 겪은 일을 참고해서 각자의 여건에 맞게' 적용하는 일일 것이다.

현실적인 어려움을 극복하고 앞으로 나아가기 위한 제언

고교학점제 이야기가 처음 나온 것이 엊그제 같은데, 벌써 고등학교 현장의 모습은 생각보다 많이, 그리고 꽤 빠르게 변화하고 있다. 그런데 이러한 변화의 양상을 제도나 규정이 과연 제대로 뒷받침해주고 있는가를 생각해보니, 일부는 그렇고, 일부는 안타깝지만 그렇지 못하다. 더욱이 지금부터 향후 수년간은 교육과정(2015 개정 교육과정)과 입시제도가 변하지 않은 상태에서 '고교학점제'를 향해 나아가야 하는 과도기적 상황이다 보니 더더욱 그 어려움이 클 것이다. 이런 어려운 여건을 고려할 때, 학교 현장의 많은 교사들이 고교학점제에 대해 여전히 시큰둥한 반응을 보이는 것도 충분히 이해되는 바이다. 굳이 고교학점제가 아니어도 학교 현장은 늘 해야 할 일들이 넘쳐나며, 오늘 당장 해결해야 할 부담의 총량만 더 늘지 않아도 다행스러운 형편이다. 그러니 고교학점제의 '당위성'만으로 하루하루 치열한 삶을 살아가는 학교 현장을 설득한다는 건 솔직히 효과적이지도 않을 뿐만 아니라, 어쩌면 무례한 일인지도 모른다. 따라서 이미 현장에서 짊어지고 있는 짐의 무게를 조금씩이라도 줄여가며 대화를 해나가야 할 것이다. 비록 현실은 녹록지 않지만 우리는 앞으로 나아가야 하기에, 누군가의 말처럼 '지성으로 비관을, 의지로 낙관을' 해야 하는 시기이기에, 몇 가지 현실적인 제언을 하며 글을 마치려 한다.

- **첫째,** 이제 막 시작하는 학교에서 전문가의 존재 여부는 너무나도 중요하다. 교육과정 전문가, 고교학점제 전문가가 학교당 최소 한두 명은 배치될 수 있도록 섬세한 전문가 양성 및 인사 정책이 추진되기를 바란다.
- **둘째,** 학교 간 차이를 줄일 수는 있지만, 없애는 것은 불가능하고 생각한다. 학교 간 차이로 인해 학생이 차별받는 일은 없도록 구조적인 대책(온라인 교육과정 및 공동 교육과정 등)이 필요하다.
- **셋째,** 아무리 노력해도 단위학교에서 해결이 어려운 영역은 분명히 있

다. 교원 및 강사 수급이 대표적일 것이다. 행정 업무 부담 경감 부분도 마찬가지일 것이다. 학교가 수업 및 평가, 학생 지도에 집중할 수 있도록 실질적 행정 대책을 마련해야 한다.

- **넷째,** 다양성의 가치를 추종하는 고교학점제에 적합한 역량을 지닌 교원 양성, 선발, 재교육 정책이 필요하다. 의식 변화와 역량 강화를 위한 교사 스스로의 노력도 정책 변화만큼이나 중요할 것이다. 획일성의 가치를 추종하는 이전의 방식으로는 수업도, 학생 지도도 어렵다는 것은 이미 전국의 수많은 교사들이 매일 현장에서 수없이 느끼고 있을 것이기 때문이다.

- **다섯째,** '학교 문화 및 학교 전체의 혁신 동력 부족'은 현장에서 가장 어려움을 호소하는 부분이다. 학교 문화는 모두가 만들어가는 것이지만, 관리자의 역량이나 의지에 막대한 영향을 받는 것은 부인할 수 없다. 고교학점제 시대에 맞는 관리자를 양성하고 뽑아야 한다. 중간 관리자(부장교사 등)의 실질적 권한을 보장해주어야 한다. '다양화'를 핵심 가치로 삼는 고교학점제 시대에는 학교 내 권력구조 역시 다양화되어야 하지 않을까?

우리가 알아야 할 진실은?

연구학교를 똑같이 따라하는
것이 아니라, 연구학교가 겪은 일들을
참고하여 시행착오를 줄이는 한편,
단위학교 저마다의 특성에 맞게
적용하고 자체적인 변화 노력을
기울일 때 비로소 고교학점제는
현장에 안착할 수 있을 것이다.

교원업무 과중

지금도 할 일이 태산인데,
다과목 개설로 인한 부담까지
우리만 감당하라고?

?

지금도 눈코 뜰 새 없는데, 앞으로 더 바빠지라고?

거기다 다과목지도까지 허리가 휘겠어…

행정 업무들이나 좀 줄여주면 좋으련만…

맞아, 왜 맨날 우리한테만…

여전히 우리 학교 현장에
는 고교학점제에 관한 이런저런 오해와 뜬소문이 난무한다. 특히
교육과정과 관련해서는 오해가 더더욱 깊은 것 같다.

- 고등학교 교육과정의 복잡성과 선택과목의 다양성으로 인해 교원들에
  게 이전에 경험해보지 못한 극강의 부담만 안겨주는 제도가 아닐까?
- 고교학점제는 교육과정 다양화에 성공한 학교는 대입에 유리한 고지를 점
  할 수 있고, 그렇지 못한 학교는 불리한 처지에 놓이게 되는 것 아닐까?

'교육과정'을 넘어 포괄적 관점에서
고교학점제를 바라보다

실제로 학교 현장에는 이러한 불편함이 담긴 의혹들이 자주 제기되곤 한다. 이처럼 고교학점제를 오직 교육과정과 선택과목의 다양화로만 설명하려는 시도들로 인해 고교학점제가 왜곡되는 일은 생각보다 흔하다. 즉 고교학점제는 곧 선택형 교육과정이고, 대입에 유리한 과목들을 최대한 많이 개설하기 위해 교원들이 다과목, 다시수의 폭탄처럼 이어지는 업무 폭격을 감당해야 한다는 왜곡된 관점이 어느새 학교 현장에 자리 잡게 된 것이다.

고교학점제를 교육과정으로만 설명하려는 관점은 고등학교 교육을 여전히 대입 중심, 교사 중심으로만 단편적으로 해석하려는 데에서 비롯된다. 따라서 이제는 새로운 관점에서 고교학점제를 바라볼 필요가 있다. 고교학점제는 대학입시에 종속되어가는 학교 교육에 대한 현장의 누적된 고민을 근본적으로 해결하기 위한 노력이자, 대전환이라고까지 말해지는 사회 변화의 요구에 부응하기 위해 비롯된 것이라고 보는 편이 자연스럽다. 그리고 고교학점제가 불러올 변화는 비단 교육과정뿐만 아니라 수업, 평가, 진로 교육, 학교 공간, 최소 성취수준 등 고등학교 교육의 거의 모든 방면에서 패러다임의 전환을 요구하게 된다.

하지만 이러한 광범위한 패러다임의 전환이 하루아침에 그냥 이

| 고교학점제와 학년제의 비교 |

단계	고교학점제	기존 학년제
교육과정 편성	학생의 과목 선택권이 충분히 보장되는 **학생 중심의 교육과정** 편성	학생의 과목 선택권이 제한적인 **학교 중심의 교육과정** 편성
수강 신청	학생의 수요 조사를 반영하여 개설이 가능한 과목을 확정, 학생은 개설된 과목 중 **원하는 과목을 선택**	학교가 사전에 계획한 몇몇의 과정 중 **하나의 과정을 선택**
학교 공간	**교과 중심** 운영	**학급 중심** 운영
수업 운영	**개인 시간표**에 따라 수업 진행	**학급별 시간표**에 따라 수업 진행
학생 평가	학생이 성취기준에 도달한 수준을 **절대 기준**으로 평가	학생 간 석차에 따른 **상대적 서열** 위주의 평가
학점 취득	**목표한 성취수준**에 충분히 도달하였다고 판단하는 경우에 학점 인정	**성취수준에 관계없이** 진급
졸업	일정 기준 이상 **학점 취득**시 졸업 인정	일정 기준 이상 **출석**한 경우 졸업 인정

※자료: 고교학점제 운영 중점 과제 - 경기고교학점제(2021) 홈페이지 갈무리

루어질 리 없다. 교육공동체 구성원들의 변화와 개선을 위한 부단한 노력을 필요로 한다. '교사 중심 교육과정'을 '학생 선택 중심 교육과정'으로, 대입을 위한 '줄 세우기 도구'로 전락한 수업과 평가의 방향을 학생의 성장과 배움을 응원하는 '과정 중심'으로 돌려놓는 일은 매우 중요하고 또 필요한 일이라는 데는 대부분 공감할 것이다. 하지만 공교롭게도 그 과정에서 학교와 교원들은 이전에 굳이 하지 않아도 되던 일까지 찾아서 해야 하는 것과 같은 일종의 착시를 일으키게 된다. 그런데 많은 학교에서 이처럼 뭔가 추가적으로 발생한 것으로 보이는 업무들의 대부분을 막연히 교육과정과 관련된 사항이라고 여기며, 교육과정 담당 부서에게 무조건 떠넘기는 경우가 많다. 하지만 고교학점제를 교육과정 업무와 동일시하고, 그 테두리에 가둬버리면 학생의 진로 및 학업 설계의 내실화, 모든 학생의 성장을 중심에 둔 수업과 평가, 학교 공간혁신, 교육공동체의 소통과 협력 등 진짜 혁신을 이룰 기회를 영영 놓칠 수 있다.

교육과정부는 왜 고교학점제 전담부서처럼 여겨지게 되었나?

고교학점제를 선택과목 다양화와 동일시하고 고등학교 선택과목을 대학 전공의 선이수과목으로만 좁게 보려는 시각이 대두되면서 학생의 과목 선택을 오직 대입을 위한 '진로·학업 역량'이라는 좁은 테두리 안에서 해석하려는 경향이 학교를 지배하기 시작했다. 고교학점제 연구·선도학교는 앞다투어 교육과정부를 신설하고, 진로 선택과목, 전문교과 I · II 과목을 편제표에 펼쳐놓고 공동교육과 정 수업까지 180단위 순증으로 여럿 개설하는 등의 노력을 기울였다. 그런데 이 과정에서 '2015 개정교육과정의 학생 선택형 교육과정 편성 방향'이 고교학점제의 정체성마저 삼켜 버리는 결과를 낳고 말았다. 다시 말해 학생 선택형 교육과정의 다양화가 곧 고교학점제라는 등식이 성립된 것이다.

하지만 2015 개정 교육과정은 책임교육으로서의 고교학점제가 학교에 실현될 수 있게 해주는 발판이자 도구일 뿐이다. 즉 고교학점제가 학교 현장에 자리를 잡아가기 위해 거치는 과정일 뿐, 그 자체가 도착점은 아니라는 뜻이다. 따라서 얼핏 교육과정부 고유의 업무로 보이는 학생의 과목 선택은 '결과'가 아닌 '과정'의 성격이 짙으며, 결코 교육과정부가 단독으로 처리할 수 없는 일이다. 다음 이야기를 한번 살펴보자.

사례 1　　1학년 담임 Y교사는 4월 초부터 학생들과 진로에 따른 과목 선택 상담을 하고 있다. 학기 초에 실시했던 직업 심리 검사와 U&I 학습 유형 검사 결과를 해석하고 적용하는 방법에 대해 진로 전담교사가 학생들에게 연수를 진행했기 때문에 작년보다는 수월한

편이다. 진로 전담교사가 교내 연수를 통해 활용법을 알려준 '대학 어디가'[1], '커리어넷'[2] 사이트와 교육청에서 제작하여 배부한 '진로학업설계 워크북'을 통해 진로와 대학 전공, 그에 맞는 선택과목을 학생과 함께 찾아보면서 자연스럽게 학업과 진학 상담도 하게 되었다. 하지만 Y교사는 국어 교과 담당이어서 관련 과목에 대해서는 잘 안내해줄 수 있었지만, 수학이나 과학 과목 등에 대해서는 상세한 설명을 해주기가 어려웠다.

사례에서도 알 수 있는 것처럼 과목별 전문성이 없으면 제대로 된 과목 선택 지도를 해주기 어려운 것이 현실이다. 하지만 앞으로 학교에서는 학생들의 과목 선택에 앞서 고등학교 3년간 자신이 배울 과목을 잘 선택할 수 있도록 진로와 적성에 대해 충분히 탐구하고 다양한 경험을 할 수 있도록 도와야 한다. 이를 위해 고등학교 1학년 담임교사와 진로 전담교사가 학생의 진로학업설계 조력자이자 공동 설계자가 되어야 한다.

또한 학생들이 각각의 선택과목에 대해 제대로 이해하고 선택할 수 있도록 교과 담당교사는 과목별 성취기준과 내용, 과목 학습의 효용성 등에 대해 학생들에게 충분한 정보를 제공해주어야 한다. 최근 고교학점제 연구·선도학교를 포함한 대부분 고등학교에서 '선택과목 안내를 위한 교육과정 박람회'를 계획하고, 학생들이 자기 주

---

1. 사이트 주소는 https://www.adiga.kr다.
2. 사이트 주소는 https://www.career.go.kr다.

도적으로 과목을 선택할 수 있는 정보의 마당을 열어주고 있는 것
도 같은 맥락에서 볼 수 있는 현상이다.

고교학점제 교육과정은
과목 편제표 이상의 것들을 포괄한다

고교학점제 진실의 방에는 '책임교육'이 자리 잡고 있다. 고교학점
제가 추구하는 '책임교육'이라는 정체성은 "성취기준에 도달한 과
목을 이수 학점으로 인정하고 그 학점이 누적되어 기준에 도달해야
졸업할 수 있다."는 내용에서도 확인할 수 있다. 이처럼 고교학점
제는 '선택'과 '책임'이 공존한다. 따라서 고교학점제 안에서의 교육
과정 편성과 운영, 과목 선택을 위한 진로학업설계, 최소 성취수준
보장 지도는 모두 '선택과 책임'을 기반으로 이루어져야 한다. 그리
고 이 모든 '선택과 책임'을 구성하고 완성하는 공간은 바로 수업과
평가가 이루어지는 교실이다.

　기존의 고등학교 교육과정은 거의 모든 학생에게 동일한 교육과
정이 일방적으로 강제되었기 때문에 편제표만으로도 충분히 설명
할 수 있었다. 교육과정 편제표가 학교 교육과정 자체이자, 교육과
정 편성의 결과물이었던 것이다. 하지만 고교학점제의 교육과정은
어떤 편제표 안에 가둘 수 없다. 편성과 운영의 모든 절차가 말 그

대로 '과정'이지 결과물이 아니기 때문이다. 따라서 앞으로 학생의 교과목 선택을 위해 학교에서 제공해야 할 실질적인 정보는 과목의 성취기준, 평가 내용, 진로와의 연관성 등 교과에 대한 전문성을 바탕으로 구성되어야 한다. 예컨대 대학 진학을 위해 미리 공부해야 할 과목, 대학별 학생부 종합 전형의 진로 역량을 충족하고 수능 시험 준비를 위해 선택해야 할 과목 등은 교과교사와 진로 전담교사가 가장 잘 파악할 수 있을 것이다.

특히 최소 성취수준 보장은 책임교육으로서의 고교학점제가 지닌 가치와 의미를 증명해주는 가장 중요한 과제이다. 하지만 최소 성취수준 보장을 위한 예방과 보충 지도는 교과 수업과 평가의 근본적 개선이 선행되지 않는다면 불가능한 일이다. 그 일련의 과정은 교수-학습-평가를 담당하는 부서가 중심이 되어 운영해야 내실 있게 이루어질 수 있다. 다음의 이야기를 살펴보자.

사례 2

연구부장 1년 차인 B교사는 2차 지필고사를 앞두고 분주하다. 교육과정부에서 보내준 이동수업반 명단을 확인하고 그에 따른 이동 시험실 운영을 반영한 고사 시간표를 편성했다. B교사는 학기 초 1학년을 대상으로 실시한 진단평가 결과에 대해 분석한 교과 협의록을 바탕으로 각 과목별 성취도 40% 미만의 학생들을 대상으로 한 학습코칭 프로그램을 방과후 부서와 함께 진행했다. 그리고 얼마전 1차 고사 결과를 국·수·영 교과부장들과 분석하며 예상보다 미도달 학생이 많이 나올 것에 대비해 각 교과에서 과정 중심 수행평가와 서술형 평가의 단계별 부분 점수 부여 등 학생의 성장을 중심에 둔 평가를 주문했다.

고교학점제 이전에도 '교육과정-수업-평가-기록의 일체화'를 단지 대입 수시 학생부 종합 전형에 대응하기 위한 수단으로만 의미를 부여해온 교사들은 아마 없을 것이다. 대부분의 교사는 학생부의 과목별 세부능력 및 특기사항을 모든 학생에게 조금이라도 더 의미 있게 기록하기 위해 학생 모두를 주의 깊게 관찰하고, 수업 시간마다 성취수준 도달 여부를 체크할 수 있는 평가 도구를 개발하려고 노력해왔다. 하지만 학생들의 성취도가 제대로 구현되려면 그 과목들은 학생이 자기주도적으로 선택한 것이어야 하지 않을까? 어쩔 수 없이 선택했거나 일방적으로 강제된 것이라면 교사가 아무리 노력을 기울여도 절반의 성과 이상을 거두기 어렵기 때문이다.

따라서 고교학점제의 최소 성취수준 보장 지도는 기존 교수평가 일체화를 고려하되, 한층 더 내실 있고 일관성 있는 교수학습평가를 실현해가는 과정의 연장선상에 있다고 보는 것이 타당하다. 즉 최소 성취수준 보장 지도는 교과별로 교사가 모든 학생을 저마다 의미 있는 존재로 존중하고, 교실 수업과 평가를 꾸준히 개선해 나가며 돕는 과정이 이루어질 때, 비로소 진실한 의미를 획득한다. 특히 최소 성취수준에 이르지 못하고 난 이후의 지원보다는 미도달 발생을 미리 예측하여 이를 예방하기 위한 과정을 마련할 때, 좀 더 유의미한 교육적 결과를 낳는다는 사례들에 비추어 본다면 앞으로 학교 교육공동체가 지향해야 할 수업과 평가에 대한 관점은 더욱 뚜렷해진다. 교과교사는 이 점을 염두에 두고 수업과 평가를 계획하고 운영해야 할 것이다. 그리고 예방 노력에도 불구하고 결국 최소 성취수준에 도달하지 못한 학생들에게 정서적 지원과 학업 지도를 해야 하는 주체도 바로 교과교사이다. 고교학점제를 맞아 학교는 교실 수업과 평가 패러다임을 결과가 아닌 학생 성장 중심으로 새롭게 정립할 필요가 있다. 그러한 변화는 수업과 평가를 담당하는 모든 교과교사가 주체적으로 실천할 때 가능한 일일 것이다.

고교학점제는 소통과 협력이 원활한 민주적 학교 문화를 기반으로 꽃피운다

학교 여건에 따라 약간 다를 수는 있지만, 분명한 사실은 공동교육 과정 업무는 결코 교육과정부장 혼자서 감당할 수 없다는 점이다. 양적으로 업무량이 많은 것도 주요 이유가 될 수 있지만, 무엇보다 공동교육과정의 나이스(NEIS)[3], 즉 교육행정정보시스템 업무는 각

3. 사이트주소는 https://www.neis.go.kr

각의 업무 담당자만 수행할 수 있는 전문적 업무 권한들의 집합체이기 때문이다. 예컨대 과목 개설과 학생 편성을 일과계가 담당하는 학교라면 교육과정부에서 편성한 공동교육과정 과목과 수강 학생 명단을 교육과정부장이 바로 입력할 수 있는 권한이 없다. 또한 우리 학교 학생이 타학교 수강생으로 편성되거나 그 반대의 경우 '위탁' 처리를 해야 하는데, 그 권한은 학적을 담당하는 교사가 가지고 있다. 수업과 평가의 업무 권한 역시 마찬가지다. 예컨대 수업과 평가 결과 기록은 각 교과 담당교사가 맡는다. 하지만 평가를 진행하고 평가 결과물을 보관하는 한편, 성적을 처리하는 과정은 성적 처리 담당교사가 담당한다. 그리고 마지막으로 학생부 기록 내용을 다시 원적교[4]로 보낼 수 있는 권한은 학적을 담당하는 교사가 행사하며, 도착한 결과를 담임교사가 학생부에 반영하면 학생부에서 공동교육과정의 결과물을 확인할 수 있다(125쪽의 표 참고). 철저한 분업과 협력의 과정이 원활히 이루어질 때 교육과정부장은 그 과정을 원활하게 연결하는 소통의 창구가 될 수 있다.

민주적 절차에 따라 교육과정을 편성하기 위해서도 학교 교육공동체의 협력과 소통은 매우 중요하다. 교육과정부에서 학생의 수요를 반영한 과목 선호도 조사를 두 차례에 걸쳐 실시하면 그 결과를 각 교과협의회가 공유한다. 교과협의회에서는 과목 선호도 조사 결

....
4. 재취학, 입학(복학 포함), 전입학, 편입학 등 학생의 학적이 변동되기 전에 재학하던 학교를 말함.

| 공동교육과정 업무 운영 흐름 |

과정 개설 수요 조사	강좌탑재 및 수강신청	수강생 선정 강좌수 확정	수강생 알림 및 강좌 OT	수강생 확정	수업
일반고 수요 조사 공문안내	경남 참 공동교육과정 홈페이지	수강학생수 기준 강좌 확정	수강 대상자 학교 통보 및 강좌 OT	최종 수강확정 및 관리교사 연수	수업 운영
학교 교육 지원청 도교육청	학교 도교육청	학교 도교육청	학교 도교육청	단위 학교 도교육청	거점 학교 및 교실 온닷 아이 톡톡

※자료: 경남 참공동교육과정 운영 계획, 2022

과를 분석하고 과목 개설에 따른 필요 사항을 교육과정위원회에 전달한다. 학교장, 교감, 교육과정부장, 교과부장, 학년부장, 학생 등을 포함한 교육과정위원회에서는 학생들의 과목 개설 수요 조사 결과와 교과의 요구 사항을 종합적으로 고려하여 실질적으로 학생이 선택할 수 있는 과목의 범위로 구성된 교육과정 편제표를 완성할 수 있게 된다. 교육과정부장은 이 과정에서 학생의 선택을 최대한 보장할 수 있는 교육과정을 위해 각 교과협의회와 소통하며 협조를 구하고 학생

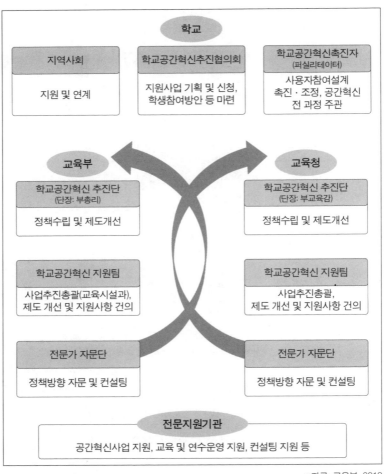

학교 공간혁신 추진 체계도

고교학점제 시대의 공간혁신은 단지 노후화된 시설을 새것으로 교체하는 수준에 머물러서는 안 된다. 선택형 교육과정의 활성화를 위해 학생 참여 중심 수업이나 자기주도 학습활동 등에 최적화된 공간으로 다시 태어나야 한다. 성공적인 학교 공간혁신을 위해서는 반드시 학교 교육공동체와 교육부, 교육청, 전문지원기관 간의 긴밀한 소통과 협력체계를 전제로 한다.

들의 교육과정 문해력을 향상시킬 수 있는 방안을 모색해야 한다. 또한 완성된 교육과정 편제표를 모든 교사에게 공개하고, 그에 대한 연수를 진행해야 한다. 그리고 교무부의 협조를 얻어서 이동 수업에 따른 행정 학급 대비 수업 학급 증가분을 산출해보고 안정적인 교원 수급 방안을 함께 찾아봐야 한다.

학교 공간혁신[5] 역시 긴밀한 협력이 필요하다는 측면에서 다르지 않다(126쪽 그림 참조). 특히 고교학점제 도입에 따른 선택형 교육과정 활성화를 위해서는 수업 및 학습활동에 최적화된 공간 활용 및 재구조화가 필요하다. 예컨대 다양한 교과 수업이 가능한 동시에 변화하는 교수·학습 방법 구현에 적합하도록 프로젝트수업교실(PBL 교실), 디지털기반 모둠학습실, 가변형 교실 등과 같은 미래형 교실 환경을 조성해야 한다. 그리고 선택과목별 학생 이동 증가 등에 따라 휴식·자율·모둠학습 등 복합적 기능의 홈베이스를 조성하는 한편 기존 도서실 등을 재구조화해야 할 필요성도 있다.

과거 학교 공간을 바꿀 때는 정작 교사나 학생 등 공간을 사용하는 주체들의 관점은 고려되지 않은 채, 전문 시공업체에 모든 것을 일임하거나 몇몇 행정 담당자만 관여하는 수준으로 이루어졌다. 그런데 고교학점제의 공간 구성은 기존의 교과교실제나 학교 공간 현대화 사업과 동일한 시각에서 볼 수 없는 특수성을 지닌다. 왜냐하

....
5. 고교학점제와 공간혁신에 관한 이야기는 오해와 진실 7에서도 자세히 다뤄볼 것이다.

면 고교학점제형 공간 재구조화는 학교의 공간 모두가 수업과 평가, 학생의 교육 활동 등의 관점에서 종합적으로 해석되어야 하기 때문이다. 따라서 에듀테크 교육을 위한 스마트한 공간 조성, 노후화된 학교 시설을 리모델링하는 과정 모두 학교 교육과정과 수업, 평가의 철학이 내재되어야 한다.

이를 위해 학생과 학부모, 학교 관리자, 건축 전문가, 학교 시설 및 예산 담당자, 교육과정 부서, 에듀테크 담당 부서, 환경 담당 부서 등이 머리를 맞대고 공간 재구조화에 관한 당면 과제를 해결해야 한다. 교육과정부장에게 고교학점제 업무를 담당시켰다고 해서 고교학점제를 위한 학교 공간 설계와 시공, 리모델링의 과정까지 책임 있게 담당하라고 하는 것은 과거의 관행처럼 이루어진 단순히 업무 편의주의적 발상에서 비롯된 것이다. 모든 학교의 교육과정 담당부장이 건축과 시설을 복수 전공한 것도 아닐 텐데 말이다.

고교학점제를 지렛대로 교육과정을 넘어 총체적 교육 혁신을 위하여

각 학교의 교육과정 담당 부장이나 교사들의 업무 추진 능력이 워낙 뛰어나기 때문에 그들이 고교학점제 업무를 주도해야 한다고 보는 관점도 두루 존재한다. 오죽하면 교육청이 학교 현장에 업무를 분담할 때, 공문에 '고교학점제 기반 조성'이나 '교육과정'이라는 말을 꼭 명시해야 학교의 교육과정부가 그 업무를 담당하게 되므로 빠르고 수준 높은 결과물을 기대할 수 있다는 우스갯소리마저 떠돈다고 한다.

하지만 우리는 잊지 말아야 한다. 고교학점제는 교수학습평가, 진로진학지도, 창체활동 내실화, 민주적 학교 문화 조성, 학교 공간 재구조화, 대학입시제도 등 모든 교육정책 분야에 걸쳐 변화와 개선을 요구해 오던 시민들과 교육공동체의 요구가 자연스럽게 분출된 총체적 결과이며, 그런 의미에서 현재 교육청과 고등학교에서 추진하고 있는 다수의 교육 혁신 정책들과 사업들이 고교학점제로 수렴되는 것은 자연스러운 흐름이라고 볼 수 있다. 하지만 이를 수행해나가는 데 필요한 각각의 업무들은 그 자체로 전문성을 띠며 한편으론 서로 유기적으로 연결되어 있다. 그렇다면 모든 고등학교 교육 현안에 걸쳐 있는 고교학점제 추진 과제 모두를 교육과정부가 오롯이 주도해 나가는 것은 가능하지도 않고 또 강요해서도 안 될 일이다. 전국의 고교학점제 연구·선도학교 보고서에서 대부분 찾아볼 수 있는 결론은 상투적이지만 다음과 같다.

> "고교학점제가 제대로 학교 현장에 꽃을 피우고 학교 교육의 혁신을 불러오도록 하기 위해서는 교육과정 담당 부서의 노력과 더불어 모든 교육공동체가 머리를 맞대어 함께 준비하고 실천해야 한다."

결국 함께하는 것이 중요하다. 고교학점제 연구·선도학교를 거쳐 가며, 앞으로 모든 고등학교는 학교 교육 혁신이라는 도전에 직면 하게 될 것이다. 그리고 그 도전 앞에서 단지 교육과정에 변화를 주 는 선에서 멈출 것인가, 아니면 고교학점제를 지렛대로 삼아 고등 학교 교육의 진정한 체질적 변화를 이끌어낼 것인가의 선택은 교육 과정부장이 아닌 모든 교육공동체가 함께 고민하고 결정해야 할 문 제이다.

고교학점제는 특정 교원과
부서의 노력으로 감당할 수 없는
전문적 영역들의 총체이다.
교육공동체는 물론 지역사회와도
긴밀히 협력해야 고교학점제를
지렛대 삼아 교육과정을 넘어
교육 혁신에 이를 수 있다.

학교 공간혁신

우리 학교는 오래된 건물에 교실도 부족한데, 고교학점제 운영이 가능할까?

20세기 구식 건물에서 무슨 고교학점제야…

말도 마, 우린 교실도 턱없이 부족해

우린 학생이 너무 없어서 공간이 남아돌아 문제인데…

아무튼 진짜 이대로는 답 없어…

고교학점제에 대한 강의
나 고교학점제와 관련한 학교 공간 조성 지원 컨설팅을 하러 다니
다 보면 종종 받는 질문이 있다.

우리 학교는 너무 오래된 옛날식 구조예요. 어떻게 하죠?

우리 학교는 다양한 수업을 할 수 있는 공간이 부족해서, 고교학
점제를 운영할 여건이 도저히 안 되는데요?

이런 구닥다리 공간에서
고교학점제를 하라고요?

한국교육개발원 교육기본통계에 따르면 2011~2020년까지 30년 이상 노후화된 학교 건물의 비율은 계속 증가하고 있으며, 특히 2020년 기준 지은 지 30년 이상이 지난 고등학교 건물 수는 16,548개로 전체의 32.4%에 이른다.[1] 실제로 공간의 노후화를 이유로 고교학점제를 부담스러워하는 의견도 적지 않다. 소위 이런 옛날식 공간에서 어떻게 다양한 과목 개설 및 수업 진행이 가능하냐는 것이다.

현재 그린스마트미래학교 사업 시행으로 학교 건물에 대한 개축과 리모델링이 점차 이루어지고는 있다. 하지만 막상 학교 공간을 재구조화하려니 너무 손을 볼 데가 많아서 막막하다거나, 혹은 어디서부터 손을 대야 할지조차 몰라서 난감해하는 경우도 많았다.

| 2011~2020년까지 연도별 전체 학교 건물 수와 30년 이상 건물의 비율(개, %)[2] |

구분		2011	2012	2013	2014	2015	2016	2017	2018	2019	2020
초등학교	건물수	33,397	33,017	32,593	32,455	32,363	32,104	31,859	31,793	31,334	31,264
	비율	30.6	31.8	33.6	35.3	35.9	37.0	38.1	38.9	39.4	40.6
중학교	건물수	14,870	14,873	14,788	14,778	14,825	14,799	14,703	14,539	14,488	14,428
	비율	25.3	27.0	28.3	30.2	31.6	32.3	32.6	33.4	34.2	35.3
고등학교	건물수	16,563	16,619	16,709	16,727	16,752	16,688	16,660	16,598	16,518	16,548
	비율	21.9	23.4	24.7	26.3	27.3	28.3	29.3	30.5	31.6	32.4

1 · 2. 교육정책네트워크 정보센터, 〈초 · 중 · 고등학교의 학교 면적 및 건물 현황〉

새로 만들고 싶은 공간에 관한 고민도 다양했다. 예컨대 공강이 발생하면 공강 시간에 학생들이 있을 공간이 필요하고, 이동수업을 하려면 사물함을 놓을 홈베이스도 만들어야 하고, 수업을 많이 개설하려면 교과교실도 추가로 만들어야 하겠고, 선진화된 가변형 학습실도 요즘 트렌드라고 하니 왠지 만들면 좋겠고…….

또 학교 건물의 구조적 특성을 포함해 단위학교 상황에 따른 고민도 다양했다. 예컨대 옛날에 지은 학교일수록 복도가 좁아서 사물함을 교실에서 뺄 수 없다거나, 학생 수 감소로 비어 있는 교실이 많은데 그 교실을 다 어떻게 활용하면 좋을지 모르겠다거나, 학교 구조가 미로처럼 되어 있어 학생의 이동 동선을 고려하기 힘든 경우 등 학교마다 처한 상황이 다른 만큼 고민의 내용도 제각각이었다.

물론 고등학교도 대학처럼 공간이 충분히 확보되어서 수업과 학생을 위한 다양한 공간이 존재하면 좋겠지만, 아쉽게도 현실은 그렇지 않다. 유입인구가 많은 신도시는 교실이 부족해서 난리고, 하루가 다르게 학생들이 빠져나가는 농산어촌은 학교 공간이 남아돌아서 난리다. 공간에서도 빈익빈부익부 현상이 학생 수와 반비례해서 나타나는 것이다. 즉 학생 수가 많아서 개설 과목 수요가 높은 학교는 공간이 턱없이 부족하고, 반대로 학생 수가 적어 개설과목 수가 적은 곳은 오히려 교실이 남아도는 아이러니한 상황이다. 이런 현실 속에서 학교 현장은 급기야 고교학점제는 우리 학교 현실에 맞지 않다거나 시기상조라는 주장을 거두지 않는다.

많은 교실과 선진화된 공간 확보가
고교학점제의 필수 조건일까?

고교학점제는 단편적인 교육정책이 아니라 우리나라 교육 시스템 자체의 진화 과정이다. 따라서 학교도 시스템의 전반에 걸친 큰 변화가 불가피하다. 여기에는 오랜 시간 우리 학교가 고수해온 거의 획일화된 교육과정의 일대 혁신도 당연히 포함된다. 사실 학교에서 운영되는 거의 모든 것은 교육과정과 연결되어 있다. 따라서 이런 변화에 완벽하게 발맞추려 한다면 교원 수급, 대입, 교원업무 재편성, 학급 중심 담임 시스템 등 다양한 영역에서 논의되고 함께 변화해야 할 것들이 너무나 많다. 학교 공간도 분명 그중 하나인 것은 사실이다. 특히 고교학점제는 선택형 교육과정을 기반으로 하고 있기 때문에 '교과교실제'는 운영상의 중요 요건이 된다. 그렇다고 해도 '교과교실제'가 반드시 '다수의 교과교실', '선진화된 교실'로 연결되는 것은 아니다.

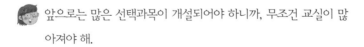

앞으로는 많은 선택과목이 개설되어야 하니까, 무조건 교실이 많아져야 해.

교과교실이니까 교실 안에 교과와 관련된 선진화된 형태가 갖추어져야 해.

이와 같은 막연한 인식은 고교학점제와 교과교실제에 대한 오해에서 비롯된 것이다. 물론 고교학점제가 과목 선택권을 보장하기 위한 다양한 과목 개설에 중요성을 두고 있는 것은 맞지만, 그렇다고 단위학교의 운영 가능한 범위를 넘어서 무조건 과목만 많이 개설하는 것을 지향하지는 않는다. 학교가 한 타임에 운영할 수 있는 과목 수와 가용 가능한 교실, 교사 수급의 한계가 있는데, 그런 역량들을 초과하여 개설하는 것은 학교에 큰 부담이다. 오히려 과도한 과목 개설로 발생한 교실 부족과 교사 수급 부족, 교사 시수 과다는 수업의 질 하락으로 연결될 가능성이 높다. 그리고 이는 당연히 학생들의 배움의 질 하락으로 이어질 것이다.

과목 개설은 학교의 운영 가능한 범위 내에서 이루어지는 것이 바람직하다

다양한 과목이 개설될수록 학생들의 과목 선택권은 확대될 것이다. 하지만 이를 학교의 가용 범위를 초과하여 무조건 많은 과목을 개설해야 한다는 뜻으로 해석해서는 안 된다. 예를 들어 한 학년이 행정학급 7개 반으로 구성된 학교가 있다고 하자. 만약 이 학교에서 한 타임에 운영되는 수업이 7개 반을 넘어 10개, 11개가 된다면? 물론 학생들을 위해 다양한 과목을 개설한 학교의 노고는 감탄에 마지않을 일

갈매고등학교 교실 푯말
교과교실과 행정학급이
같이 표시되어 있다. 일
본어 교실(교과교실)이기
도 하면서 2학년 2반(행
정학급) 교실이다. 이 학
교의 학생은 자신이 선택
한 과목에 따라 매시간
이동수업을 한다.

이지만, 교사의 시수와 수업 부담, 공간 확보 등에 대해 심히 우려하
지 않을 수 없다. 물론 외부 강사가 충분히 확보되고, 학교에 유휴 교
실이 많다면 더할 나위 없이 좋은 환경이다. 학생들은 소인수로도 수
업을 들을 수 있으며, 다양한 개설 과목에서 자신이 원하는 것을 선
택할 수 있고, 교사의 부담도 크지 않을 것이기 때문이다.

　하지만 학교의 가용 범위를 뛰어넘은 백화점식 과목 개설은 오
히려 학교에 부담만 안겨줄 뿐이다. 따라서 다양한 과목 개설은 학
교가 운영할 수 있는 범위 내에서 이루어지는 것이 바람직하다. 학
교에 유휴 교실이 없다면 한 타임에 돌아가는 수업은 행정학급을
넘어서지 않는 것이 맞다. 그리고 학교 내 특별실을 포함한 유휴 교
실이 1, 2개라도 있다면 +1~2개 정도는 수업이 더 개설될 수 있다.
또한 교실 행정학급과 교과교실을 함께 사용하고, 이동수업에 대한

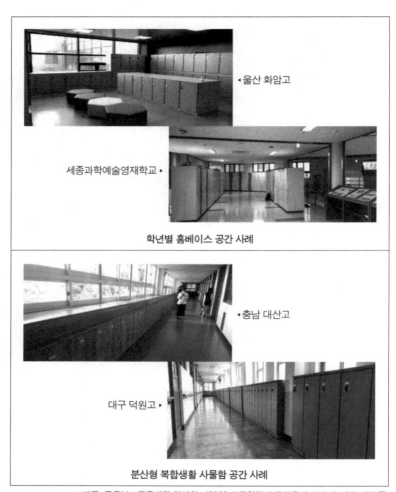

울산 화암고

세종과학예술영재학교

학년별 홈베이스 공간 사례

충남 대산고

대구 덕원고

분산형 복합생활 사물함 공간 사례

※자료: 교육부 · 교육과정 평가원,《2022 고교학점제 도입운영 안내서》, 201-202쪽.

학년별 홈베이스 공간혁신 사례

학교 상황에 따라 홈베이스 공간도 얼마든지 다양하게 구성할 수 있다. 공간이 충분하다면 화암고나 세종과학예술영재학교처럼(상) 사물함 홈베이스를 별도로 구성할 수도 있고, 부족하면 대산고나 덕원고처럼(하) 분산형으로 구성해볼 수도 있다.

두려움을 없앤다면, 고교학점제 운영 시 기존 학급(행정학급)보다 무리하게 많은 추가 교실이 필요하지 않다.

학교 내 사물함 배치도 각 학교 상황에 따라 얼마든지 다르게 할 수 있다. 예컨대 홈베이스 공간이 충분하다면 학년의 것을 모아 사물함 홈베이스를 구축하면 좋을 것이다. 하지만 공간이 부족하면 분산형으로 만들면 된다. 옛날식 구조라면 내력벽은 살리면서 교실 두 개를 터서 홈베이스 공간을 구축해볼 수도 있다. 이처럼 고교학점제를 위한 학교 공간의 변화는 단위학교의 상황 및 교육과정과 긴밀하게 연결되어 이루어져야 하는 것일 뿐, 하나의 정답이 정해져 있는 것도 아니고, 무조건 교실 수 확보를 우선으로 이루어져야 하는 것도 아니다. 왼쪽의 사진들을(140쪽 참조) 보면 학교의 상황에 맞게 홈베이스를 두고 사물함 배치하거나 복도를 활용해서 다양하게 사물함을 배치한 학교들의 모습을 볼 수 있다. 모두 단위학교의 여건을 고려한 공간혁신 사례이다.

교과교실제는 무조건
선진화된 공간혁신이 이루어져야 가능할까?

교과교실제에 대한 또 다른 오해는 기존의 교과교실제 사업에 기인한다. 과거 교육과학기술부에서 추진했던 교과교실제는 학생이 시간표에 따라 교과별 전용 교실을 찾아가는 제도라는 측면에서 고교학점제와 맞닿아 있기는 하다. 하지만 교과교실제 사업이 이루어진 당시에는 학생의 선택과목에 따른 이동이 아니라 학급 전체가 정해진 시간표에 따라 교과교실로 이동하는 형태여서 의미 없는 이동으로 혼란과 피로감만 부추긴다는 비판이 많았다. 심지어 학급별 시간표가 거의 똑같아서 한반에서 같이 수업을 받아도 무리가 없는 중학교에서 교과교실제를 운영하기도 했으니 말이다. 그리고 행정학급 외 별도의 교과교실을 두고 교과교실에 창의적 수업 환경을 구축한다는 취지에서 다양한 교구와 선진 시설을 갖춘 형태도 있었다. 이런 전력 때문인지, 당시의 무늬만 화려했던 교과교실을 떠올리며 교과교실 구축 자체에 부담을 느끼는 학교들도 많다. 고교학점제를 하려면 거의 모든 교실이 교과교실화되는데 시설을 구축할 예산도 부족하고 품도 많이 든다는 이유이다.

물론 선진화된 교실 시설의 단계적 도입은 교사와 학생의 입장에선 분명 반길 일이다. 공간의 혁신은 그 자체로도 수업을 풍요롭게 만들어갈 수 있는 주요 자산이 되기 때문이다. 다만 이것이 교과교실의 필수 조건은 아니라는 점을 강조하고 싶다. 왜냐하면 우리는 이미 과거 교과교실제의 경험을 통해 고가의 장비가 제대로 활용되지 않은 채 힘든 관리 문제만 야기했던 상황을 잘 알고 있기 때문이다. 선진화된 교실은 일단 **수업의 변화**가 전제되어야 한다. 그래야 고가의 장비도 제대로 된 활용이 가능하다. 또한 수업의 변화는 교사가 교육과정 재구성을 위한 충분한 수업 연구를 할 수 있는 환경과 시간이 갖추어질 때 가능하다. 그런 측면에서 교사가 자신의 전문성을 발휘할 수업 연구보다 행정업무와 생활지도의 책임에 거의 온종일 시달려야 하는 우리나라의 척박한 교육환경부터 하루빨리 개선되어야 한다. 고교학점제가 본래의 취지대로 성공하기 위해 중요한 것은 무조건 과목만 다양하게 개설하는 것이 아니다. 그보다 수업과 평가의 내실화가 먼저이다. 그리고 학교 공간도 백화점식으로 다양하고 화려한 곳, 첨단시설 등을 지향하기보단, 수업의 질을 담보하는 공간인지에 대한 성찰이 우선시되어야 할 것이다.

학교는
어떤 공간이어야 하는가?

학생들은 하루의 많은 시간을 학교에서 보낸다. 그런 학교이기에 학생들에게 행복한 공간, 유의미한 공간이 되어야 하고, 또 그렇게 되도록 조금씩 노력을 기울여왔다. 혁신학교 운동이나 고교학점제 모두 그러한 맥락에서 추진한 정책들이다. 그리고 이제는 학교 공간에 대한 논의도 함께 이루어져야 한다.

앞으로의 학교 공간은 어떤 모습이어야 할까? 학교 안의 시설들은 시간이 흐를수록 분명 좀 더 나은 형태로 바뀌어왔다. 그럼에도

구분	학교 수
서울	13
부산	6
대구	6
인천	7
광주	4
대전	4
울산	3
세종	-
경기	-
강원	15
충북	1
충남	14
전북	3
전남	6
경북	11
경남	8
제주	-
합계	101

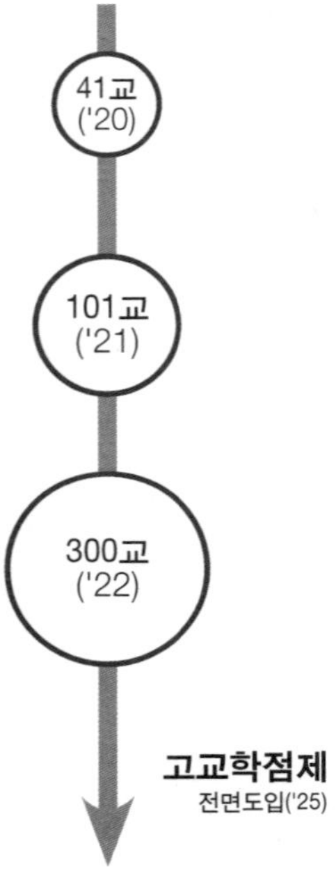

41교 ('20)

101교 ('21)

300교 ('22)

고교학점제
전면도입('25)

※자료: 2021년도 고교학점제 학교 공간 조성 지원 사업 (교과교실제) 중앙 컨설턴트 워크숍 자료집

학점제형 공간 조성 지원 확대 현황
고교학점제가 전면 도입되는 2025까지 전국 국·공사립 고등학교에 대한 학점제형 공간 조성 지원이 해마다 확대되고 있다. 그림과 같이 2020년 41교에서 22년은 300교로 크게 늘어났다.

불구하고, 어찌된 일인지 우리는 여전히 학교를 딱딱하고 답답한 공간으로 여긴다. 고교학점제를 떠나 우리가 학교를 딱딱하고 답답하게 여기는 이유에 대해 먼저 함께 고민해볼 필요가 있다. 근본적인 원인을 찾으려면 공간의 주인이 누구인가에 주목해야 하지 않을까? 학교 공간의 주인은 당연히 그 공간을 사용하는 교육주체이다. 하지만 여태껏 교육주체 그 누구도 학교 공간의 주인이 된 적이 없다. 공간의 주인으로서 그 공간에 대해 목소리를 낼 기회가 주어지지 않았기 때문이다. 교사들이 원하는 교무실 형태에 대해, 수업하는 교실에 대해 교사의 의견이 반영된 적이 없다. 이는 학생들도 마찬가지이다. 그들도 자신이 배우는 공간에 대해 제대로 의견을 낼 만한 기회를 가진 적이 없었던 것이다.

고교학점제의 도입과 함께 학교 공간의 재구조화가 필요하다는 현장의 요구가 잇따르며, 교육부와 교육청은 2019년부터 '학교 공간 조성 지원 사업'에 많은 예산을 지원하고 있다. 2020년 41개 학교가 공간 재구조화를 진행했고, 2022년에는 300개 학교까지 확대할 계획이라고 발표했다. 이는 '그린 스마트 미래학교'와 연계해서 진행된다.[3]

다만 이 사업은 기본적으로 사용자 참여 설계의 방식으로 진행할 것을 권장한다. 즉 공간의 주요 사용자이자 교육주체인 교사와 학생이 참여하여 설계하고 공간을 리모델링하는 것이다. 교육주체의 의견을 반영하여 학교 공간을 재구조화한다는 측면에서 의미가 있고, 또 반길 만한 일이다.

그렇지만 여기에 또 다른 맹점이 생긴다. 교사와 학생이 공간에

....
3. 교육부는 2020년 7월 17일에 한국판 뉴딜 '그린 스마트 미래학교' 사업 계획을 발표했다.

▶ 학생들이 참여해서 아이디어 내고,
건축사가 학생의 의견을 수렴하는 과정
(갈매고)

사용자 참여 설계로
구축된 공간들
(갈매고) ▲

학생들이 학교 공간혁신에 참여하는 모습(위)과 사용자 참여 설계로 구현된 공간의 모습(아래)

갈매고는 교사는 물론 공간 사용의 주체인 학생들이 직접 참여해서 아이디어를 내고, 건축사가 학생의 의견을 수렴하는 과정을 거쳐 학교 공간혁신을 진행하였다. 자신들의 아이디어가 공간 혁신에 반영되었기 때문인지 만족도가 높은 편이었다.

대한 바람을 담아 원활하게 의견을 제시하고 소통하는 방식의 참여라면 좋겠지만, 아쉽게도 현실은 그렇지 않다. 결국에는 학교 사업으로 내려오다 보니 학생의 의견을 모으는 것도, 교사의 의견을 모으는 것도 전부 교사의 업무로 돌아간다. 담당교사는 낯선 건축 전문용어가 채 익숙해지기도 전에 하루아침에 건축사라도 된 양 건축 과정 전반에 관여하고, 심지어 예산 문제까지 두루 신경써야 한다. 또 각 주체들의 의견을 조율하는 과정에서 생길 수밖에 없는 온갖 갈등까지 오롯이 떠안게 되다 보니 차라리 예산을 받지 않는 편이 낫겠다는 푸념마저 하게 된다. 학교의 사업에 교사와 학생의 의견이 반영되는 것은 꼭 필요한 과정이지만, 소통을 넘어선 행정적인 업무까지 모두 교사가 맡게 되면 자연히 업무 과중이 된다.

실제로 이전에 근무하던 학교에서 고교학점제 운영에 맞게 학교 공간을 일부 재구조화한 적이 있다. 다만 이때는 교육부 사업으로 예산을 지원받지는 못했고, 도교육청의 다른 사업을 신청해서 공간을 바꾸게 되었다. 그 사업은 사용자 참여 설계로 진행했는데, 도교육청에서 정해준 건축사가 학생과 교사의 의견을 수렴하고, 신청한 학생 대상으로 워크숍을 진행하고 의견을 조율하는 과정을 주도했다. 담당교사도 물론 곁에서 학생들 모집이라든지 SNS로 소통할 공간을 만든다든지 등의 역할은 했지만, 의견 수렴과 조율의 과정, 설계 발표까지 모두 건축사가 알아서 해주니 담당교사의 업무는 한결 줄었다. 그리고 그 과정을 직접 진행한 건축사는 설계와 공사를 함께 진행하면서 학생과 교사가 원하는 모습을 담아낸 공간으로 변화할 수 있었다. 예컨대 이동수업이 많아지며 복도에서 쉬는 시간이 많다는 학생들의 의견을 담아 복도 공간을 휴식 및 학습 공간으로 만들었고, 오픈형이면서 다양한 수업이 가능한 공간(예컨대 개수대 구축, 교실 내 사물함 구비, 벽에 타공판 설치, 다양한 수업 교구 등)이 필요하다는 교사와 학생의 요구를 담아 기존의 교실 벽을 허물고 새로운 형태의 교실을 만들었다. 학생과 교사의 요구가 공간에 적극 반영되었기에 예산이 다소 부족했던 점은 논외로 하고, 당연히 학생과 교사의 만족도는 높았다.

이제 결론을 얘기하자면 공간이 중요하기는 해도 전부는 아니다. 왜냐하면 고교학점제는 반드시 공간이 많아야 운영 가능한 것도, 선진형 교과교실의 모습을 갖추어야 가능한 것도 아니기 때문이다. 그보다는 학교의 상황과 여건에 따라 과목을 개설하고 질 높은 수업을 위한 지원이 이루어지면 얼마든지 가능한 것이다. 물론 공간이 뒷받침되면 더할 나위 없이 좋겠지만, 그것이 필수불가결의 조건은 아니라는 점을 다시 한번 강조하고 싶다. 그럼에도 불구하고 학교 공간에 대한 아쉬움은 항상 남는다. 이러한 아쉬움은 이 공간을 사용하는 교육주체가 공간의 주인이 될 때, 비로소 해소될 수 있다. 학교 안에 쉼이 가능한 포근한 공간, 연구에 전념할 수 있는 쾌적한 연구실, 마음에 안정을 주는 친환경 공간 등 화려하지 않아도 교사와 학생이 바라는 공간으로 이제는 학교가 바뀌어야 하지 않을까?

고교학점제에서 공간의 확장이나
선진화보다 중요한 것은
수업과 평가의 내실화이다.
아울러 교육주체가 주인이 되는
공간으로의 변화이다. 따라서 공간은
고교학점제에 중요한 요소이기는
하지만, 필요충분조건은 아니다.

제도적 이질감

교육 혁신은 지금도 하고 있는데, 왜 굳이 생소한 고교학점제를 도입해야 하지?

왜 꼭 고교학점제여야 하지?

내 말이… 이대로 추진하는 게 맞는지 걱정스러워…

솔직히 우리나라 교육 현실에는 안 맞지…

너무 생소하고 이질적이야…

고교학점제는 모든 학생을 존중하는 배움을 실현하기 위해 도입되었다. 이제 이러한 제도의 취지 자체를 부정하는 사람은 아마 거의 없을 것이다. 하지만 취지에는 공감하면서도 2018년 연구·선도학교를 시범 운영하기 시작할 때부터 수많은 논란과 비판이 끊이지 않았다. 학교 현장의 많은 교원들조차 다과목 지도에 대한 부담 때문인지 아직도 그리 환영하는 분위기는 아니다.

반면에 학교에서 끊임없이 반복되고 있는 EBS 문제집 풀이, 경쟁 중심 서열화 교육으로 인해 학교 교육과정에서 소외되고 있는 학생들에 대한 깊은 우려, 입시를 위한 사교육 의존도가 높아지는 데 따른 공교육 경시 풍조가 만연하는 점 등을 염려하며 고교학점제 도입에 동의하는 교원들도 늘고 있다. 정치권에서도 고교학점제에 관한 갑론을박이 이어졌지만, 결국 새정부에서도 고교학점제를 교육 분야 국정과제로 포함하며 일부 보완을 통해 지속적으로 추진하겠다고 발표하였다.

우리나라에서 고교학점제는 정말 뜬금없는 제도일까?

수많은 우여곡절 속에서 진행되고 있는 만큼 고교학점제는 그간 수많은 오해를 양산해왔다. 그중에는 기존 학교 교육의 문제점들을 분석하고 하나씩 해결해가면 될 텐데, 굳이 고교학점제라는 낯설기만 한 새로운 제도를 도입할 필요가 있느냐는 비판도 함께 포함된다. 그렇다면 고교학점제는 우리 교육 현장에는 이질적이기만 한 전혀 새로운 제도일까?

먼저 단위제와 학점제를 비교해보자. 단위제와 학점제는 본래 학교 교육과정 이수 기준을 '단위', 즉 '시간'으로 보느냐 '학점'으로 보느냐의 차이이다. 원래 개념으로만 보자면 두 제도 모두 학생의 교육과정 이수 기준으로 출석률과 성취수준을 제시한다는 공통점을 가진다. 그러나 지금까지 우리나라에서 적용된 단위제는 본래의 단위제와 다소 차이가 있다. 왜냐하면 「초·중등교육법」에 제시된 2/3 이상의 전체 출석률만을 이수 기준으로 설정해왔기 때문이다. 이처럼 성취수준을 고려하지 않은 채 오직 출석률만을 근거로 이수 기준을 설정해온 탓에 공교육의 책무인 책임교육과 학생의 배움이 소홀히 다뤄질 수 있는 여지가 발생하고 만 것이다.

이미 2015 개정 교육과정은 학생 진로에 따른 과목 선택을 강조하였다

고교학점제는 단위제[1]와 비교하면 크게 다르지 않다. 오히려 과거 성취수준을 배제한 단위제를 적용해온 우리 교육의 불합리하고 비교육적인 문제를 해결하고 학교 교육을 정상화하는 계기가 될 것이다. 그러나 현장에서는 고교학점제가 기존 교육체제와 동떨어진 이질적이고 뜬금없는 제도라는 비판이 여전하다. 그래서 고교학점제에서 운영 중인 과제들의 추진 현황을 살펴보며 오해를 해소해보려 한다. 먼저 선택과목부터 들여다보자.

1. 우리나라에 도입된 단위제가 아닌 본래 단위제

2009 개정 교육과정 적용 시기에 전국 대부분의 일반고등학교 교육과정은 단지 수능 과목만을 중심으로 문과와 이과를 구분하도록 편성되었고, 당연히 학교 간 교육과정에 큰 차이가 없었다. 즉 대부분 학교 지정과목으로 교육과정이 편성되어 있었고, 학생 선택과목은 문과와 이과로 나누는 수준이었다. 심지어 먼저 교육과정을 편성한 학교의 교육과정을 그대로 베껴서 편성하여 운영하는 학교마저 존재했다. 이후 박근혜 정부에서 개발된 2015 개정 교육과정은 2009 개정 교육과정의 한계를 넘어 4차 산업혁명의 미래사회를 대비하며 학생의 진로에 따른 과목 선택권 보장을 강조하는 내용을 담았다. 적용 초기만 해도 기존 교육과정에 대한 관성적 역학이 워낙 강했던 탓에 학교 현장은 여전히 2009 개정 교육과정 시기의 학교 교육과정에서 벗어나지 못한 채 이를 고수하려는 모습을 보였다. 하지만 고교학점제 연구·선도학교가 도입되면서 2015 개정 교육과정이 추구했던 학생의 진로에 따른 과목 선택권 보장이 눈에 띄게 확대되기 시작했다.

그리고 이제는 전국적으로 고등학교에 학교 지정과목 수와 단위 수가 감소하고 있고, 국어·수학· 영어의 기초교과군에 치우쳤던 교육과정 편성이 학생들의 과목 선택권을 보장하기 위해 점차 조정되어가고 있다. 나아가 과목의 이수를 학년 단위 편성에서 학기 단위 편성으로 전환하는 학교 수도 전국적으로 점차 증가하고 있으며, 심지어 이는 실제 대학입시에도 유리하게 작용하고 있다. 또한 개설 과목 수를 확대하기 위해 과목 편성 단위[2]가 주로 4단위로 통일되면서 모든 과목의 균등한 편성 기반이 조성되었다. 무엇보다 학생들의 배움이 매우 다양화되었다. 결과적으로 고교학점제를 통해 2015 개정 교육과정이 추구하는 바가 점차 실현되고 있다.

혁신교육으로 이미 지역사회와의 협력체제가 구축되고 있다

2010년대 초반 전국 시·도에서 많은 진보교육감이 선출됨에 따라 혁신교육은 학교 현장에 점차 안착되고 보편화되었다. 단 한 명의 학생도 포기하지 않는 교육을 실현하기 위해 지역사회와 협력체제를 구축하여 학교 안에서는 물론, 학교 밖에서도 학생에게 필요한 교육이 이루어질 수 있는 환경이 조성되기 시작한 것이다. 고교학점제 연구·선도학교 운영이 확대되면서 학생의 과목 선택권 보장을 확대할 수 있는 교육 여건의 조성은 필수적이었고, 고교학점제를 통해 지역사회와의 협력은 더더욱 빈번해졌다.

이러한 공동교육과정 체제를 기반으로 이제 공간의 한계를 넘어 온라인 공동교육과정으로까지 진행되었다. 그 결과 이동 문제 등

----

2. 단위는 '학점'으로 용어 수정된다.

지역적 한계로 수강할 수 없었던 과목을 어디에서든 수강할 수 있는 기회가 마련되었다. 이를 통해 농산어촌의 소규모 학교들에도 고교학점제를 통해 이전보다는 학생들의 배움의 범위가 더욱 확대되고 있다. 물론 여전히 한계는 있다. 교원 자격이 없는 외부 강사는 정규 교원과의 코티칭 형태로만 수업이 가능할 뿐, 단독수업이 불가하므로 정규 교원에게 돌아가는 수업 및 평가와 행정업무 부담이 여전하다. 하지만 교육부와 교육청이 함께 이에 대한 해법을 적극적으로 찾아내 지원한다면 앞으로 교원의 부담을 줄이면서도 학생들의 과목 선택권 또한 안정적으로 보장할 수 있을 것이다.

이와 같이 고교학점제에서 지역사회와 협력하여 교육과정을 운영하는 것은 전혀 새로운 과업이 아니다. 고교학점제를 통해 학교 교육과정과 연계되어 학생들이 지역적 한계, 공간적 한계, 학교 여건의 한계를 뛰어넘어 누구라도 자신의 진로에 따라 과목을 선택할 기회를 얻게 된 것뿐이다.

책임교육은
학교 본연의 책무이다

학교는 해마다 의무적으로 기초소양·기본학력 보장 계획을 수립해야 한다. 그러나 안타깝게도 그동안 이 계획을 실제로 실행해온 학교는 거의 없었다. 결국 학교에서의 책임교육이란 그저 문서상으로만 존재하다시피 했다. 고등학교에서 대학입시가 워낙 중대한 과제이자 기본 방향이었기 때문에 소위 입시에서 열외된 기본학력이 미달되는 학생들에 대한 교육에는 별로 관심을 기울이지 못했다. 한편으로 고등학교에서의 기초·기본학력 미달은 이미 유·초·중학교에서부터 차곡차곡 쌓여온 것이기 때문에 고등학교 수준에서 해결할 수 없는 과제처럼 여겨져 등한시해왔을 수도 있다.

심지어 자신이 지도하고 있는 과목의 성취도가 'E'등급에 해당하는 학생의 정확한 분포 비율 정보조차 알지 못하는 교사도 상당수이다. 하지만 성적이 좋든 나쁘든 모든 학생들은 아침에 가방을 메고 학교로 향한다. 최소한 이 아이들 모두가 학교에서 뭔가 의미 있는 배움을 기대하며 등교할 수 있도록 그들 각자에게 맞는 적절한 교육을 제공해야 하지 않을까? 이것이 바로 공교육 기관인 학교가 반드시 수행해야 할 과업이다.

고교학점제는 모든 학생의 배움을 존중한다. 그동안의 학교가 학생이 무조건 배워야 하는 교육과정만을 제공해왔다면, 이제는 학생들의 배움의 준비도와 관심을 고려하여 배울 수 있는 교육과정을 편성하고 학생들이 선택한 과목을 이수할 수 있도록 지원하게 된 것이다. 이를 통해 우리 교육이 오랜 시간 간과해온 책임교육의 중요성과 필요성을 새삼 인식하고 실천할 수 있게 된 것이다. 따라서 고교학점제는 새롭다기보다 학교가 꼭 해야 하는 일임에도 너무나 오랜 시간 외면하고 회피해왔던 과업에 대한 재인식과 실천을 강조하는 제도로 보는 것이 타당하다.

2025년 고교학점제 전면 시행과 함께 미이수제와 전 과목 최소 성취수준 보장 지도가 시작될 것이다. 학교 교육은 이제 모든 학생을 빠짐없이 바라보아야 한다. 소수 성적 우수자들의 상위권 대학 진학에 집중하여 중·하위권 학생들을, 특히 하위권 학생들의 맞춤형 교육 지원을 간과해온 학교의 무책임한 모습은 사라질 것이고, 'I(미이수)'등급의 학생 수를 줄이기 위한 미이수 예방 체제와 지원에도 적극적으로 대처하게 될 것이다. 아울러 이 과정에 교육청과 지역사회도 협력할 것이다. 고교학점제와 함께 교육의 공공성은 이제 우리의 학교 교육을 움직이는 중요한 가치로 작동되기 시작했기 때문이다. 그리고 이는 교육의 본질적인 목적이기도 하다.

고등학교 교육은
학생들이 꿈을 탐색하고 준비하는 과정이다

학교는 학생이 꿈을 찾고 키우는 공간이다. 고등학교는 대학 진학이나 취업을 하기 직전의 과정이므로 이 시기에는 진로 탐색과 진로 결정이 매우 중요하다. 고등학교는 이를 지원하기 위해 학생이 스스로를 이해할 수 있고, 직업 세계를 탐색할 수 있는 기회를 충분히 제공해야 한다. 또한 학생이 학교 교육과정 안에서 자신의 진로에 따라 필요한 지식과 역량뿐만 아니라 필요한 소양이 무엇인지를 파악할 수 있게 도와야 한다. 안타깝게도 지금까지 많은 학교는 대학입시를 명분으로 진로 수업과 창체 진로 활동 시간을 목적대로 충실히 운영하지 못했다. 심지어 부끄럽게도 "진로라 쓰고 자습이라 읽는다."는 우스갯말처럼 진로 시간에는 자습을 당연시하는 학교도 상당수였다. 이로 인해 많은 학생들은 자신의 꿈이 무엇인지도 모른 채 그저 성적만 고민했던 것이다.

한편 고교학점제는 학생의 진로에 따른 다양한 과목의 선택을 추구하므로 체계적이고 적극적인 진로학업설계를 강조한다. 학생들이 진로검사 후 결과지만 수령하고 끝나는 것이 아니라 담임교사나 진로 전담교사와 상담을 하고 자신의 진로에 대해 고민하면서 진로 성숙도를 신장시킬 수 있으며, 자신에게 필요한 학교 교육과정에 대해서도 생각할 수 있게 되었다.

그동안 일방적으로 학생들에게 중요하다고 강요된 교육에서 벗어나 학생 스스로 진로에 따라 필요하다고 인식하는 교육으로 나아가게 된 것이다. 지금 고등학교는 꿈을 찾기 어렵던 과정에서 꿈을 찾을 수 있는 과정으로 변모하고 있고, 유·초·중·고 연계 진로교육에 대한 논의까지 일어나고 있다. 이는 새로운 교육이 열리는 것이 아닌 본래 교육이 가져야 할 본연의 모습으로 전향되고 있는 것이 아니겠는가?

학교 교육과정의 편성·운영은
교육 3주체가 함께하는 과정이다

학교의 교육과정이 편성되는 과정을 한번 생각해보자. 학교 지정 과목과 단위 수가 많았던 시기의 학교 교육과정은 절대적으로 수능 대비용 교육과정 그 자체였다. 솔직히 조금 과장해서 말하면 전국 대부분의 고등학교 교육과정이 거의 똑같다고 봐도 무방할 지경이었다. 그런데 흥미로운 사실은 이때만 해도 학생의 교육과정 요구조사 과정을 건너뛴 채 교사 주도로 일방적인 교육과정을 편성해도 학생과 학부모로부터 민원이 들어오는 일은 거의 없었다는 점이다. 그래서 오랫동안 학교 교육과정 편성의 과정은 교사 주도적으로 이루어졌고, 학교 교육과정을 편성할 때 주로 고려되는 기준 또한 교원 수급이었다.

> "교육과정의 합리적 편성과 효율적 운영을 위해 교원, 교육과정 전문가, 학부모 등이 참여하는 학교 교육과정 위원회를 구성하여 운영하며, 이 위원회는 학교장의 교육과정 운영 및 의사 결정에 관한 자문의 역할을 담당한다."

국가수준 교육과정 3장 기본 사항에 위와 같은 조항이 엄연히 명시되어 있음에도 불구하고, 학교 현장에서는 실질적인 의미가 없는 명목상의 조항으로만 인식된 것이다. 그러나 학생의 과목 선택이 대학입시에 반영되고 대학 전공별로 권장과목 선택이 다양하게 제시되면서 학생의 진로와 그에 따른 교육과정에 대한 요구가 크게 늘어났다. 즉 학생들도 "선생님, 왜 우리 학교는 ○○과목 개설 안 해주나요?" 하는 식으로 적극적으로 요구하기 시작한 것이다. 이제 많은 학교에서 학생을 대상으로 교육과정 요구조사를 실시하여 학생이 수강하고자 하는 과목을 파악하고 선택이 가능한 교육과정을 편성하기 위해 노력하고 있다. 필요에 따라 소인수 강좌를 개설하기도 하고, 학교 간 공동교육과정이나 온라인 공동교육과정을 연계하기도 하며, 지역사회와 협력하여 과목을 개설하기도 한다.

더욱이 이러한 교육과정의 편성과 운영에 교사뿐만 아니라 학생과 학부모가 적극적으로 참여하고 있는 학교도 이미 생겨나고 있다. 고교학점제를 통해 학교 교육과정의 편성·운영 과정에서 학생과 학부모는 더 이상 대상이 아닌 주체로서 조금씩 제 역할을 찾기 시작한 것이다. 최근 들어 학부모자치회 단위에서 자체적으로 고교학점제와 학교 교육과정에 대한 인식과 문해력을 향상시키기 위해 연수와 협의회를 운영하는 분위기도 조성되고 있다. 이제 학교 교육과정의 편성과 운영은 더 이상 교사들만의 임무가 아니다. 즉 교육공동체가 함께 학교 교육과정을 논의하고 함께 결정하는 민주적인 과정으로 나아가고 있다. 그리고 이는 본래 학교 교육이 나아가야 하는 방향이기도 하다.

교육지원청의
학교 지원 역할이 강화되었다

학교의 입장에서 바라본 교육청은 끝없이 정책이나 사업을 기획하여 안내하고, 매뉴얼과 예산을 제공하며, 필요한 경우 컨설팅이나 연수를 마련해주는 역할 정도로만 인식되어왔을 것이다. 다시 말해 학교에서 수행해야 할 과제와 수행에 필요한 업무 꾸러미를 던져주고 '답이 정해진', 즉 원하는 방향대로 결과를 요구하는 다소 일방적인 모습이었을지도 모른다. 그러나 고교학점제 연구·선도학교가 증가하면서, 고교학점제의 취지를 살리는 방향으로 운영하는 학교가 많은 지역일수록 예전과 달리 각 학교의 요구사항이 다양해지고 있고, 또 한층 적극적으로 요구사항을 관철시키려는 모습도 볼 수 있다. 이로 인해 교육청별로 고교학점제를 추진하고 지원하는 방식이 달라지기 시작했고, 교육청이 학교를 지원하는 업무량도 급증하였다고 한다.

고교학점제는 기본적으로 학교의 자율성이 중요하기 때문에 기존의 교육부와 교육청 중심의 중앙집권적이고 획일적인 체제에서는 제대로 실현되기 어렵다. 따라서 앞으로 고교학점제가 모든 학교 현장에 안착함에 따라 가장 핵심적 역할은 학교자치 체제가 수행하게 될 것이다. 그리고 교육부는 전체적인 방향성을 제시하고, 교육청은 학교의 각종 요구를 지원해주는 교육 플랫폼으로서의 역할을 수행하는 것이다. 어떻게 보면 고교학점제를 통해 교육지원청이 드디어 지원청으로서 본연의 역할을 찾아가는 셈이다.

이처럼 고교학점제는 어느 날 갑자기 우리 교육 현장에 뚝 떨어진 전혀 새로운 제도가 아니다. 우리 교육이 본래 추구하는 가치와 목적을 실현해가기 위해 불가피한 과정이며, 이제 더 이상 외면할 수도 되돌릴 수도 없다. 그러니 고교학점제에 대한 갖가지 문제점과 약점을 찾는 데 골몰하기보다 고교학점제를 통해 모든 학생의 배움을 존중하는 교육을 모든 학교에 뿌리내리기 위한 생산적인 방안을 고민해야 할 것이다. 이 세상에 소중하지 않은 사람은 아무도 없다. 그리고 학교는 모두의 가치를 공유하고 지속해가는 공간이 되어야 한다.

고교학점제는 이미 우리 교육 현장에
스며들고 있으며, 학교와 교육부,
교육지원청 모두가 각자의
본모습을 찾아가는 과정이자,
공교육이 본연의 가치와 목적을
실현하기 위한 필연적 과정이다.

현장의 저항감

고교학점제도
난제 속을 표류하다
결국 흐지부지되지 않을까?

언제나 총론은 그럴듯하지… 안 그래?

나쁘다는 게 아니고 속도 조절이라도 좀…

제반 문제라도 먼저 해결하고 시작해야 하는 거 아냐?

아, 몰라… 그동안도 수업하는 데 지장없었어…

<big>**고교학점제는**</big> 대학입시
를 포함해 고등학교 교육, 나아가 초·중등교육까지 우리나라 공교
육 전반의 변화를 가져올 총체로, 비단 교육과정의 변화만으로 고교
학점제를 설명하는 것은 무리가 있다. 하지만 역시 교육과정을 빼고
고교학점제를 논하기는 어려울 만큼 중요한 비중을 차지한다. 물론
고교학점제 이전에도 우리나라 교육과정 총론은 늘 아름답고 훌륭했
다. 교육과정문서 총론에는 세계적인 교육개혁의 동향이 담겨 있고,
의미 있는 철학과 가치, 용어 등을 두루 포함하고 있었기 때문이다.

완벽에 가까운 총론과 저항하는 현장, 무엇이 문제인가?

총론은 나무랄 데가 없지만, 안타깝게도 우리나라 교육과정의 문제는 총론과 각론의 괴리이다. 심지어 이 괴리가 너무 심하다는 점이다. 즉 교육과정문서 총론에 담긴 온갖 이상적인 지향점이 우리 학교와 교실 현장에 그대로 시행되기란 도무지 어려웠다. 대체 그 이유는 무엇일까? 생각보다 간단하다. 현장에서 실행해야 할 조건에 대한 충분한 지원 없이 그저 교육과정 문서에만 존재하는 그럴듯한 '말잔치'에 그쳤기 때문이다.

❓ 또 개편이야? 그래서 어쩌라고!

아무리 좋은 의도와 방향으로 교육과정을 개정해도 이것이 현장의 현실과 동떨어져 있다면, 게다가 현장을 무시한 이런 관행이 반복될수록 교육과정 개편에 대한 현장의 피로감과 저항감은 점점 더 커질 수밖에 없다. 즉 현장에는 교육과정 개편에 따른 무조건적 불만과 저항이 마치 반작용처럼 작동하는 것이다. 그 결과 아무리 훌륭한 내용을 담고 있는 교육과정이라고 해도 그저 문서상으로만 존재하는 형식적인 것에 그칠 가능성이 크다. 이른바 의미를 제대로 곱씹으려는 알맹이는 사라진 채 서류상 실행이라는 빈 껍데기만 남는 것이다.

김은정(2019)은 국가 교육과정 실행에 대한 교사의 저항감을 다룬 자신의 연구[1]에서 교육과정의 실행을 크게 형식적 실행과 적극적 실행 양상으로 나누었다. 여기서 형식적 실행은 서류상으로만 요구하는 모습을 갖출 뿐, 실제 행위는 다르다는 뜻이다.

이 연구에서 저항감의 원인으로 "힘 있는 단위에서 일방적으로 교육과정을 바꾸고, 교사들은 이를 어쩔 수 없이 따를 수밖에 없는 상황"을 언급하고 있다. 자연히 교사들은 교육과정 자율성이 지속적으로 침해당하는 상황에 대해 불편한 마음이 든다. 동시에 교육과정 개편이 이루어지면 후속조치가 필요해지는데, 때로는 이 과정에서 혼선이 발생하고, 행정업무 추가에 따른 부담도 커지면서 불만은 점점 더 커지게 된다.

불만이 계속 쌓이다 보면 아예 무관심한 모습을 보이기도 한다. 교육과정을 알지 못해도 어차피 교과서가 있기 때문에 교사가 매일 수업을 하는 데는 별 지장이 없기 때문이다. 고교학점제도 마찬가지다. 오랜 시간 쌓여온 이러한 현장 내부의 저항 문제가 여전히 난제로 남아 있다. 학점제 본연의 선한 취지가 단지 문서상에만 존재하는 형식적 실행으로 남지 않으려면 이러한 저항의 문제를 반드시 해결해야 한다.

....
1. 김은정, 2019, 〈교육개혁기반 국가교육과정 실행에서 교사의 저항감: 양적 및 질적 측면에서 저항감의 양태탐색〉, 한양대학교 박사학위논문.

❓ 학생의 관점에서 생각해야 하는 이유

현장이 저항할수록 우리의 관점을 학생에게 돌려야 한다. 김성수 (2019: 74)는 그의 박사학위 논문에서 수포자를 다루었다. 연구 과정에서 그는 수학을 포기한 학생을 대상으로 면담을 실시하였다.

준서 저는 거의 이해 못하는 것 같아요. 어 수업시간 내용을.

교사 그러면 그 시간에 뭐해요?

준서 열심히 듣는 척하죠.

교사 엎드려 있거나 그렇지는 않고?

준서 네, 그냥 뭔가 쓸 게 있으면 최대한 필기하고, 나도 뭔지 알아 그런 눈빛을 보내고, 또 뭐 애들이 발표하면 그거 들어주고.

교사 다 듣고 고개를 끄떡인다거나 하는데 내용 자체는 이해는 거의 못한다는 거죠?

준서 네, 바보 같죠.

만약 우리가 준서(가명) 학생의 마음을 조금이라도 이해한다면, 이 학생을 어떻게 도와야 할지를 정말 심각하게 고민하지 않을 수 없다. 이에 김성수(2019:15)는 수포자 문제를 단순히 예습과 복습을 게을리한 학생 개인의 문제로 환원하지 않는다. 다시 말해 수학이 지닌 학문적 특성, 부정적인 수학 수업 경험, 수학에 대한 사회 문화적 영향 등이 복잡하게 결합된 총체적인 결과로 본 것이다. 논문에서 그는 수학의 학문적 특성으로 엄격한 위계, 직관적 논리적 사고, 추상적 대상, 일반화·기호화·형식화를 제시하였다. 또한 부정적인 수학 수업 경험으로는 문제풀이 위주의 수업, 교사의 강압적이고 권위적인 태도, 학생의 발달에 맞지 않는 교수 방법을 예로 들었다. 그리고 수학에 대한 사회문화적 영향은 선행학습 중심의 문제풀이식 사교육 문화, 수학을 잘해야 한다는 사회적 압박을 예로 들었다.

❓ 고교학점제가 기존 교육과정에 던지는 근본적 질문, "왜 그것을 하는가?"

앞서 소개한 두 연구를 종합해보면 고교학점제가 성공하기 위한 실천방안을 찾는 데 명확한 시사점을 발견할 수 있다. 즉 아무리 선한 목표와 의도를 가졌다고 해도, 추진 과정에서 현장의 공감대를 얻지 못하거나, 구체적인 실행 방향이 잘못되면 그저 아름다운 말잔치에 그칠 뿐인 형식적인 교육과정으로 전락할 수 있다. 이 문제를 해결하기 위해서는 의미의 공유가 매우 중요하다. 그것을 어떻게 실행하는가의 문제 이전에 "왜 그것을 하는가?"에 대한 질문이 꼭 필요하다. 그와 동시에, 교육과정에서 소외되는 학생의 문제는 반드시 학생의 시선으로 바라보아야 한다.

특히 김성수(2019)의 연구는 수포자의 시선으로 바라보며 기존의 수업, 교육과정, 평가 등이 지닌 구조적 문제와 한계를 통찰하였다. 즉 예습과 복습을 평소에 충실하게 하지 않은 특정 개인의 문제만으로 귀결시키지 않는다. 여기에 착안해 우리는 다음과 같은 몇 가지 질문을 던질 수 있다.

- 교육과정이 누구의 시선으로 구성되어 있는가?
- 교육과정에는 어떤 보이지 않는 권력과 힘이 작동하고 있는가?
- 누구를 위한 교육과정인가?

위와 같은 관점에서 질문을 던질 때, 우리는 이제 비로소 고교학점제를 새로운 시각에서 바라보며 근본적인 문제해결에도 한층 더 가깝게 다가설 수 있을 것이다. 즉 기존에 제시된 교육과정에 대한 근본적인 질문을 던지면서, 기존 질서의 불합리한 점에 질문을 던질 수 있는 기제이다.

- 교육과정에 아이들의 삶과 발달단계를 고려하고 있는가?
- 사교육이 없이도 학생들이 교육과정을 잘 따라올 수 있는가?
- 학원의 수능 강좌와 학교의 수업이 달라야 한다면, 우리 학교에서는

무엇이 어떻게 다른가?

- 학교 수업만 충실히 잘 밟으면 수능 대비가 가능한가?

- 소위 킬러 문항이라는 고난도 문항은 누가 왜 어떤 이유로 출제하는가?

- 교육과정을 따라오지 못하는 학생을 위해 우리 학교(공교육)는 어떤 지원을 하고 있는가?

- 교육과정을 몰라도 교과서만으로도 수업을 충분히 가르칠 수 있는 상황이 사실인가?

- 동일한 조건의 학교인데, 교육과정 편제 내지는 운영 수준에 질적 차이가 나타나는 원인은 무엇인가?

- 국·영·수는 일주일에 많은 시간을 가르칠 수 있고, 다른 과목은 적은 시간을 가르친다면, 그 기준은 누가 정한 것인가?

- 학생의 관점에서는 가중치와 중요도가 진로에 따라 다를 수 있는 것 아닌가?

- 교육부와 교육청에서 정책을 추진할 때 요구를 제대로 파악하고, 소통하고 공감을 얻으면서 추진하라고 요구하는데, 학교는 교육과정을 설계하고 편제할 때 그러한 과정을 거치는가?

자, 이러한 질문들에 대해 우리 학교는 과연 뭐라고 대답할 것인가? 사실 이런 질문들은 새로운 것은 아니다. 다만 오랜 시간 다양한 현안들에 밀려 애써 외면해왔을 뿐, 가장 근본적이고 중요한 질문이다. 이러한 질문에 대한 고민이 바로 고교학점제의 출발점이다.

교육과정의 불편한 관행,
학교알리미는 이미 알고 있다?

고교학점제에 관한 세간의 논의를 살펴보면, 주로 '기-승-전-교원 수급 또는 업무경감 또는 대학입시'로 환원되는 경향이 있다. 물론 구조적 조건이 제대로 해소되지 않으면 고교학점제의 추진과 정착이 쉽지 않은 것은 사실이다. 따라서 현장에서도 고교학점제가 잘 정착할 수 있는 조건과 환경을 만들기 위해 교육부나 교육청을 향해 집요하게 요구해야 한다. 그러나 교육과정을 관행과 관습으로, 공급자의 편의주의적 관점에서 편제하는 학교가 여전히 존재한다. 학교알리미[2] 사이트에 들어가 보면 고등학교 교육과정의 편제라든지 학생들의 학업성취도 현황 등을 공개하고 있다. 여기에서 몇 가지 반성할 지점이 보인다.

❓ 학생 선택권을 제한하는 학년제

최근 학교의 교육과정 편제 경향을 보면 학년제에서 학기제로 전환하는 추세다. 하지만 여전히 학년제를 고수하는 학교도 적지 않다. 물론 과목에 따라서 학년제를 유지해야 할 필요가 있을 수 있지만, 학기제로 전환해야 더욱 다양한 과목을 개설할 수 있고, 학생들

---

2. 사이트 주소는 https://www.schoolinfo.go.kr이다.

의 선택권도 더 폭넓게 보장할 수 있다. 고등학교에 비해 고난도의 과목을 가르치는 대학교에서도 학기제로 편성하고 있는 점을 기억해야 한다. 지금은 학년제를 고수하고 있는 고등학교들도 앞으로는 학기제를 적용하는 교과목이 더욱 많아질 필요가 있다. 학생 선택권의 실질적 확대는 학기제를 적용하는 과목이 늘어날 때 비로소 가능해지기 때문이다.

❓ 상위권을 위한 줄 세우기, 상대평가

앞서 언급한 학교알리미에 공개된 정보를 보면 중하위권 학생이라든지 예체능 학생, 대학을 가지 않는 학생들이 들을 만한 과목은 찾아보기 어려운 학교도 적지 않다. 경쟁 중심의 상대평가 체제하에서는 하위 등급을 맞는 학생들이 있어야 상위 등급 학생들이 빛을 발하고, 입시 전략상 그것이 학교의 명성을 올리는 데 도움이 될 수 있기 때문이다. 그러나 소수의 학생을 위해 다수 학생들의 어쩔 수 없는 희생을 당연시하는 전략이 과연 바람직한지에 관한 근본적 질문을 던져야 할 때다. 앞다투어 고급과목, 심화과목, AP과목 등 상위권 학생을 위한 과목 개설에 공을 들이는 동안 이런 화려한 편제에서 열외된 나머지 학생들에게 행여 소외감을 가중시키는 것은 아닌지 성찰해야 한다. 1학년 입학생 중에서 수학과 영어를 따라오지 못하는 학생들을 위해 기본수학과 기본영어, 실용국어, 실용수학, 실용영어 등의 과목을 개설해볼 수는 없을까?

고교학점제가 우선 고려해야 할 대상은 그동안 상위권에 밀려 소외
되어온 중하위권 학생들이다. 책임교육의 관점에서 그들의 소외감
을 최소화할 수 있는 시스템을 구축하는 것이야말로 고교학점제의
핵심적인 철학이기 때문이다. 교육과정의 다양화 이전에 **책임교육**
의 가치 구현이 훨씬 더 중요하다는 뜻이다.

❓ 기승전 수능과목 중심의 교육과정 편제

또 이런 수상한 학교도 있다. 즉 무늬만 다양한 교육과정을 운영하
는 것이다. 이런 학교들은 2학년 때까지는 거의 획일적인 교육과정
을 운영한다. 그러다가 3학년 2학기 때 갑자기 다양한 교과목들을
운영하는 것이다. 이러한 교육과정의 편성과 운영은 진정한 의미의
선택과목이 아닌 사실상 수능을 대비하기 위한 자습과목 등으로 왜
곡되어 활용될 가능성이 크다는 의심을 지우기 어렵다. 학생들의
진학과 진로는 저마다 다양하다. 모든 학생들이 수능 점수로 대학
을 가지는 않는다. 이러한 현실을 직시한다면, 편제의 진실성이 담
보될 필요가 있다. 편제와 운영은 반드시 일치해야 한다.

❓ 교과목 편성에 관한 상상력 부족

학교알리미에서 발견한 또 다른 특징은 '사회과'와 '과학과' 교과 개
설이 유독 두드러진다는 점이다. 다양한 교과목 개설은 사회과와
과학과만의 몫은 아니겠지만, 사탐과 과탐을 중심으로 다양한 교과

목을 개설하려는 흐름이 나타난 점은 그나마 다행스럽다. 하지만 국·영·수 역시 고교학점제가 추구하는 교육과정 다양화에서 결코 예외 영역이 아니다. 물론, 수학능력시험의 반영 교과목을 상수로 놓다 보면 국·영·수 교과에서 새로운 과목 개설은 쉽지 않다. 하지만 교과목별로 기준 이수 학점이 줄어들고, 수능에서 고교학점제를 고려하여 선택교과의 폭과 비중이 점점 커진다고 본다면 앞으로 국·영·수에서도 다양한 교과목 개발 및 운영이 필요하다. 또한 이수/미이수로만 평가되는 교양과목, 고시외 과목 활용, 학교장 신설 등을 국·영·수 과목에서도 폭넓게 시도해볼 필요가 있다. 아직까지 교과목에 관한 상상력이 국·영·수 영역에서 지극히 제한된 흐름이 엿보이는 점은 못내 아쉽게 느껴진다.

❓ 다양한 실험을 도모하는 학교에 주목해보자

2015 개정 교육과정을 넘어 2022 개정 교육과정 시안이 발표된 지금도 문과와 이과의 경계 틀에서 여전히 벗어나지 못한 학교도 적지 않았다. 이러한 학교일수록 학교 지정과목 비중이 높고, 학생들의 교과목 선택 폭을 매우 제한하였다. 물론 나름의 이유는 있다. 교원 수급의 한계로 인해 선택권 보장이 제한될 수밖에 없다고 항변하는 것이다. 하지만 무학년제 운영, 각 교과별 학점의 통일 및 호환성 강화, 편제표 상의 칸막이 완화 등 다양한 실험을 도모하는 학교들이 점점 늘어나고 있다는 점에 주목해야 한다. 이런 학교들도 교원 수

급과 같은 여건 면에서 들여다보면 다른 학교들과 거의 동일한 조건이기 때문이다. 비슷한 조건에서 어떤 학교는 교육과정에 변화를 만들어내고 있고, 그러지 못한 학교가 있는 것이다. 이러한 문제는 어떻게 설명해야 할까? 바로 교육 거버넌스의 구축이다. 교육과정의 철학을 다시 생각하고, 교육과정을 제대로 해석할 수 있는 사람이 있으며, 다양한 주체들의 참여를 보장하는 거버넌스가 열려 있어야 한다. 학습공동체를 통해서 교육과정에 관한 지식과 기술, 관점, 비전을 교사들이 먼저 공유해야 한다.

고교학점제의 '찬반' 쟁점은 무엇인가?[3]

아무리 훌륭한 제도라도 현장에 도입될 때 저항감이 제로일 순 없다. 다만 수용과 저항 강도에 있어 차이가 있을 뿐이다. 또한 수많은 난제들을 차근차근 함께 극복해나가야 한다. 그리고 이는 고교학점제도 마찬가지로, 고교학점제에 대한 수용과 저항의 정도는 사람들마다 다르다.

현 시점에서 보면 대체로 도입 취지에는 동의하지만, 이런저런

3. 김성천, 2019, 〈고교학점제의 쟁점과 과제 분석〉, 《교육비평》(48), 32-63쪽의 논문 일부를 재구성하였음.

이유를 내세우며 찬성을 유보하는 모양새다. 어쨌든 고교학점제에 관한 입장은 크게 3가지로 분류할 수 있다. 찬성론, 조건부론, 반대론이다. 이에 관해 좀 더 자세히 들여다보자.

❓ 왜 고교학점제를 찬성하는가?

먼저, 찬성론의 주요 논거들에 대해 살펴보자. 첫째, 고교학점제가 교육과정의 다양화로 전환하는 계기가 될 수 있다고 본다. 예전에는 모든 학생에게 수학능력시험 대비를 최우선의 가치로 둔 거의 획일화된 교육과정을 강제하고, 학생들의 과목별 학습 수준을 상-중-하로 나눌 뿐이었다. 모든 학생이 대학에 진학하는 것도 아닌데 말이다. 하지만 고교학점제는 아예 과목별로 상-중-하 학생의 수준에 맞는 교육과정을 설계할 수 있다. 공통교육과정과 일반선택과목에서 수능 대비를 한다고 해도, 교양 등 그 외의 영역에서는 교육과정에 대한 상상력을 얼마든지 발휘할 수 있다. 실제로 이미 각 학교에서 교육과정과 교과서를 자체 개발하거나, 각 시도교육청의 고시 외 과목을 활용하는 사례가 늘어나고 있다.

둘째, 책임교육의 관점에서 지지한다. 출석일수만 채우면 졸업하는 허술한 시스템에서 벗어나 핵심 성취기준을 중심으로 졸업 기준을 설정하고, 동시에 학생들을 도와줄 수 있는 다양한 지원 시스템을 구축해야 한다. 이러한 시스템은 고등학교에만 국한해서는 안되고 오히려 초등학교와 중학교로도 확장해야 한다.

셋째, 개별 맞춤형 교육이라는 미래교육의 가치와 부합한다. 미래교육은 산업화 시대의 교육문법인 '표준화'와 '획일화'에서 벗어나는 것이 핵심이다. 고교학점제는 소인수를 위한 교과목을 개설하기도 하고, 수준과 진로를 고려한 맞춤형 교육과정 설계를 도모하기 때문에 통일된 교육과정보다는 학생의 요구와 필요에 따른 교육과정 설계를 중시한다. 즉 학생마다 자신에게 맞는 차별화된 시간표를 갖는 상황이 오는 것이다.

넷째, 진로교육의 가치를 구현할 수 있다. 진로교육은 단지 직업 선택 과정이 아니다. 자아정체성, 자신의 장단점 파악, 진로인식 및 탐색, 역량 개발, 다양한 경험을 통한 통찰, 인생의 목표와 비전 설정, 선택 등을 포괄하는 광범위한 과정이다. 진로는 다양한 경험과 체험을 통해 형성될 수 있지만, 가능하면 교과과정 내지는 비교과과정을 통해서 진로를 만나는 것이 좋다. 결국 교육과정과 진로교육이 결합해야 하는데, 고교학점제는 그 가능성을 보여준다. 과목 선택을 하는 순간부터 학생들의 인생에 대한 고민이 시작되기 때문이다.

다섯째, 교육과정 자율성이 강화될 수 있다. 학교자치의 관점에서 교육과정을 본다면, 국가는 큰 틀에서 비전과 목표, 프레임, 핵심 성취기준 등만 제시하고, 세부 내용은 학교와 지역의 몫으로 두어야 한다. 즉 촘촘하게 설계된 교육부와 교육청의 지침에 맞추어 교육과정을 설계하기보다는 학생들의 요구를 기반으로 학교 교육과정을 설계할 수 있는 제도적 공간을 보장해야 한다는 뜻이다. 미인

가형 대안학교에서 교육과정에 관한 다양한 실험이 이루어지는 이유는 규제가 사실상 없기 때문이다. 아이들이 모래 놀이터에서 마음껏 실험하는 과정에서 상상력을 키울 수 있듯이 교육과정 역시 그러한 과정을 적극 보장해야 한다.

여섯째, 입시의 변화를 촉발할 수 있다. 고교학점제와 정시 확대는 '따뜻한 아이스아메리카노'처럼 양립이 어렵다. 최근 현실적인 공정성을 명분으로 내세워 정시 확대에 관한 요구가 거세지만, 정시 확대를 더 이상 감행하기 어려운 이유 중 하나가 고교학점제와 충돌하기 때문이다. 그런 의미로 보면, 고교학점제가 정시를 확대 요구를 막아내는 역할을 하기도 한다.

일곱째, 고등학교 교육의 정체성 차원이다. 초등학교와 중학교는 보편교육과 시민교육의 관점에서 공통 교육과정을 중심으로 운영된다. 하지만 고등학교 교육은 초·중등교육과 다른 나름의 고유한 정체성이 존재한다. 중3 시절에 이미 학생들은 특성화고, 일반계고, 특목고 등 선택을 고민한다. 선택 이후에는 학교의 유형에 맞는 교육과정이 존재할 수밖에 없다. 학교 선택과 더불어 교육과정 선택 역시 고교 교육의 중요한 특성이 될 것이다. 물론 고교 교육은 대학 교육과 달리 보편교육을 기반으로 하므로 100% 학생 선택과목만으로 구성할 수는 없다. 공통교육과정이라든지 학교 지정과목이 존재할 수 있고, 현실적으로 수능에 반영되는 교과목도 교육과정의 상수로 봐야 하기 때문이다.

❓ 왜 고교학점제를 반대하는가?

찬성론에 이어 고교학점제 반대론을 살펴보면 다음과 같다. 첫째, 고교학점제는 신자유주의적 관점을 지닌다는 점이다. 즉 협력보다는 경쟁을 조장하게 됨으로써 불필요한 갈등 상황을 야기할 수 있다는 우려이다. 고교학점제는 수요자의 시선에서 학생들이 과목을 선택할 수 있는데, 이는 학생의 선택을 받기 위한 과목 간 경쟁 내지는 교사들의 경쟁을 유도한다는 점에서 신자유주의 속성을 지닌 정책으로 해석할 여지가 있다. 7차 교육과정에서 이러한 흐름이 시작되었고, 고교학점제는 그 결정판으로 본다.

둘째, 진로교육을 지나치게 강조한다는 것이다. 어른들의 진로도 계속 바뀌는 현대 사회에서 이미 평생직장의 개념은 사라진 지 오래다. 그런 점에서 고등학교에서는 살아갈 수 있는 보편 역량을 기르는 것이 타당하며, 굳이 대학교에서 배워야 할 전공이나 진로 관련 과목을 미리 배울 필요는 없다는 주장이다.

셋째, 교사들의 노동 조건 악화이다. 공통교육과정에 비해 선택교육과정이 강화되면 학생들의 선택에 따라 교육과정 안정성이 흔들린다. 또한 다과목 지도로 인해 교사의 전문성이 흔들리고 노동 강도는 가중된다. 학생들의 선택 수요가 감소한 과목의 교사는 다른 학교로 전근되거나, 순회교사를 자처해야 한다. 공동교육과정의 경우, 야간이나 주말에 개설되기도 하는데, 이는 교사의 상당한 노동력을 추가로 요구하게 된다. 이로 인해 교사들의 심리적 저항을 촉발하는 것이다.

넷째, 교원 자격체계의 위협이다. 현 자격체계는 제한된 과목 내에서 실행된다. 하지만 아무리 저마다 다과목 지도를 한다고 전제해도 학교에서 개설되는 모든 과목들에 대한 수업을 오롯이 단위학교 교원이 감당할 순 없다. 학생들의 다양한 과목 수요를 감당하려면 결국 외부 전문가를 활용해야 한다. 현재는 교원자격증이 없는 전문가는 단독수업이 불가하고, 교사와 협업하는 코티칭(co-teaching) 형태로만 가능하지만, 시간이 흐를수록 자격증 없이도 가르칠 수 있게 해달라는 요구가 거세질 수 있다. 이것이 결국 교원 자격체계의 근간을 뒤흔들 것이라는 우려이다.

다섯째, 입시에 의한 고교학점제의 왜곡 가능성이다. 우리나라에서 교육에 관한 모든 논의는 늘 기-승-전-입시로 귀결되어왔다. 고교학점제도 결국 입시의 블랙홀에 빨려들어 도입 취지에서 왜곡되고 말 것이라는 우려이다. 선한 의도로 출발하지 않은 정책은 없다. 고교학점제 역시 입시 유불리 등의 문제로 환원되면 실행과정에서 정책목표와 큰 오차가 발생할 가능성이 크다.

여섯째, 시민성과 보편교육이 약화된다. 교육과정 총론에는 인간상, 교육목표 등을 다루고, 공통교육과정을 통해 이를 일관되게 실행해야 하는데, 앞으로 선택과목이 강화되면 이를 구현하기 어려워진다고 보는 것이다. 시민성 함양은 사라지고, 직업 선택만 지나치게 강조하여 학생들의 불안감을 부추긴다는 우려이다.

❓ 반대는 아니지만 먼저 조건을 갖춰야 한다는 관점

이러한 찬성론과 반대론을 종합하면 조건부론과 결부된다. 예컨대 취지에는 찬성하지만, 아직 해결하지 못한 난제들이 많으니 반대한다거나, 찬성하지만 조건[4]을 갖출 것을 전제로 추진해야 한다는 논리 등으로 이어지는 것이다. 동시에 준비하는 데 시간이 많이 필요하다는 점에서 시기상조론 내지는 속도조절론을 주장하는 단체도 있다. 고교학점제를 추진하는 교육부나 교육청에서도 조건들에 대해서는 다각도로 검토하고 있다. 예컨대 최근 교육지원청에서 교과교사를 배치한다든지, 전문성을 갖춘 사람과 기관을 발굴하여 고교학점제를 지원하는 모습이 각 교육청에서 나타나고 있는 점에서도 확인할 수 있다. 시기상조론의 가장 큰 맹점은 대체 적정 시기가 언제인가에 대해서는 특정하지 않는다는 점이다. 고교학점제는 진로교육 활성화, 교육과정의 다양화, 책임교육 실현, 졸업 기준 설정이라는 흐름과 연결되는데, 이 중 진로교육 활성화, 교육과정 다양화와 책임교육 실현은 당장이라도 시행해야 할 영역이다. 따라서 조건을 완전히 갖춘 후 실행하겠다는 방식보다는 가능한 것부터 순차적으로 추진한다는 관점이 바람직해 보인다. 186쪽의 표는 앞서 설명한 쟁점들을 간략히 정리한 것이다.

....
4. 고교학점제가 정착되기 위한 조건으로는 대입제도, 내신 절대평가, 고교체제 개편, 교육과정 중심의 교원 배치, 유휴 공간 및 가변형 공간 필요, 강사 등을 확보할 수 있는 충분한 예산, 교강사 발굴, 학교에서 열기 어려운 과목 개설 등 교육지원청의 학교 지원 기능 강화가 필요하다는 것 등이 꼽힌다.

| 고교학점제의 쟁점 비교 |

찬성론	반대론
우리가 고교학점제를 찬성하는 이유는…	우리가 고교학점제를 반대하는 이유는…
·교육과정의 다양화 ·책임교육의 강화 ·개별맞춤형 교육이라는 미래 교육의 가치와 부합 ·진로 교육 가치의 교육과정 내 실현 ·교육과정의 자율성 강화 ·고교학점제가 입시의 변화 촉발 ·초등학교와 중학교가 보편교육의 성격을 지고 있다면 고등학교는 진로에 따른 선택의 폭 확대는 당연	·신자유주의론 ·진로교육을 지나치게 강조 ·교원의 노동조건 악화 ·교원 자격체계의 근간이 흔들릴 수 있음 ·입시로 인해 왜곡될 가능성 ·시민성과 보편교육이 약화될 수 있음

조건부론

 반대하지는 않지만, 도입을 위한 전제는…

·대입제도, 내신절대평가. 고교체제 개편,
교원수급, 공간혁신, 예산. 교육지원청 지원 기능 강화 등
고교학점제의 정착을 위한 제반 조건의 실현

·준비에 시간이 많이 필요하다는 속도 조절론

난제들을 극복하기 위한
실천 전략은 무엇인가?

조금 전 고교학점제 찬반 논란에서 하나씩 설명한 것처럼 지금 당장은 학점제를 학교 현장에 도입하는 데 여러 가지 난제들이 존재한다. 하지만 제반 조건들이 다 갖춰지는 그날이 과연 올지도 미지수지만, 온다고 해도 그때까지 그저 기다리기만 한다면 아마도 달라지는 건 아무것도 없을 것이다. 따라서 지금부터 작은 것 한 가지씩이라도 노력과 실천을 통해 점차 극복해나가야 한다. 그렇다면 난제를 하나씩 극복하기 위해 우리는 당장 무엇을 해야 할까?

❓ 교육 3주체의 민주적인 협력체제

가장 중요한 것은 교육주체들 간의 협력이다. 따라서 각 학교는 교육 3주체의 민주적인 협력이 가능한 체제를 구축해야 한다. 대부분의 학교에서는 교원을 중심으로 학교 교육과정을 편성하고 운영한다. 학생들이 꿈꾸는 진로는 다양한데, 이들의 요구와 필요를 먼저 파악해야 한다. 이를 교육과정에 어떻게 포함하고 반영할 것인가는 고교학점제의 첫걸음이 된다. 앞으로는 교육 3주체의 참여를 학교 운영 및 교육과정의 영역으로 확장해야 한다. 학교 교육과정위원회부터 제대로 구성하고, 3주체의 요구를 제대로 파악할 수 있는 의견 수렴 체제를 구축해 협의회를 진행해야 할 것이다. 좋은 교육과정을 운영한 학교 사례를 그대로 모방할 순 없지만, 학교가 부딪히는 어려움을 민주적인 협력으로 돌파한 사례는 학교 교육과정을 발전시키는 데 촉매제가 될 수 있다.

❓ 교과목 다양화 이전에 교육과정-수업-평가의 내실화

교육과정-수업-평가에 관한 기본기는 아무리 강조해도 지나침이 없다. 보통교과를 중심으로 교육과정-수업-평가의 질을 높이기 위해 노력해야 한다. 가짓수 많은 뷔페식 요리보다 명품 단품 요리를 만들기 위한 노력이 더 중요하다는 뜻이다. 무조건 다양한 과목을 많이 여는 것보다는 보통 교과에서 학생들의 배움이 충분히 일어나는 교육과정-수업-평가의 실행이 더욱 중요하다. 집토끼는 방치한 채, 산토끼만 잡는 것은 위험하다. 콘크리트 작업을 할 때도 우선 양생이 되어야 다음 작업이 가능하다. 아무리 급해도 이를 무시하면 부실 공사로 이어지기 때문이다. 교사 개인기에 의존한 수업이 아닌 학습공동체를 통해서 적어도 우리 학교에서 교육과정과 수업, 평가에 관한 어떤 실천을 해야 하는가에 관한 비전과 방향이 내면화되어야 한다. 이러한 과정을 바탕으로 고교학점제가 도모하는 교과목 다양화를 부분적으로 실행할 수 있다.

❓ 교육과정 문해력의 극대화

교육과정 문해력의 극대화는 아무리 강조해도 지나치지 않다. 교사들의 전문적학습공동체의 주요 주제 중 하나는 교육과정이다. 다른 학교의 실천 사례라든지 정보를 적극적으로 수집해야 한다. 특히, 학교의 비전과 철학이 먼저 수립되어야 하며, 이를 구현하기 위한 교육과정 운영의 전략에 대해 함께 치열하게 학습하고, 진지하게 임해야 한다. 예컨대 교육과정 편제 실습이나 워크숍도 이를 위한 하나의 방안이 될 수 있다.

❓ 온·오프라인 공동교육과정의 확대 및 강화

아무리 큰 규모의 학교라도 단위학교 안에서 교육과정에 관한 학생들의 다양한 수요를 자체적으로 감당하기는 어렵다. 따라서 학교 간연대는 앞으로 더욱 강화되어야 한다. 공동교육과정은 단위학교에서 채우지 못한 수요를 흡수할 수 있다. 하지만 아직 이러한 공동교육과정들은 대부분 일과 후에 운영하다 보니 교사와 학생 모두의 피로가 가중된다든지, 공강 허용 여부 문제라든가, 상위권 중심으로의 운영 등 여러 한계가 나타나고 있다. 그나마도 공동교육과정 운영 여건이 비교적 좋은 도시권의 이야기일 뿐, 농어촌은 그마저도 쉽지 않다.

따라서 앞으로는 온라인 공동교육과정을 운영하는 한편, 온라인수업의 한계를 보완하기 위한 실습, 토론, 체험의 과정 등을 별도의 기간에 오프라인에서 집중하여 운영하는 온·오프라인이 융합 방식도 모색해야 한다. 다만 융합 방식의 경우, 학생들의 이동 수단에 대한 지원이라든지 교강사 발굴 및 지원이 필요한데 개별학교가 감당하기 어려운 영역으로 교육지원청과 지자체의 협력을 통한 지원이 꼭 필요하다.[5] 또한 학생들의 수요가 있는 과목을 체계적으로 파악하여 1차적으로 학교에서 먼저 열어보고, 단위학교에서 개설하기 어려운 경우 공동교육과정 설계에 관여할 수 있는 담당자 상시 협의체제 구축이 필요하다. 강사 채용, 출결처리, 수강 신청 프로그램 홍보 및 운영 등의 업무는 교육지원청에서 과감하게 흡수해야 교원의 부담을 덜 수 있다.

❓ 지역사회가 함께 참여하는 교육과정

학생들을 위한 다양한 선택과목들을 개설하는 데 있어 이를 오직 단위학교가 가진 역량이나 자원에만 의존한다면 그 어떤 학교도 도저히 감당할 수 없을 것이다. 따라서 고교학점제 시대에는 지역사회 연계가 더욱 절실하다. 교양과목과 진로과목, 융합과목은 교사들만의 힘으로 감당하기 어렵다. 이미 교육과정에 변화를 도모하고 있는 학교들은 대부분 지역사회 내지는 마을교육공동체와 연계하여 교육과정을 운영하고 있다. 예컨대 '지역의 이해' 과목을 지역사회의 전문가를 활용하여 운영해볼 수 있다. 이러한 교과를 통해 지역사회의 가치를 배우고, 정주의식(定住意識)과 시민성을 높일 수

---

5. 교육지원청이나 거점센터에 교과순회전담교사를 배치하여 과목을 개설하고 지원한다면 교원 수급의 어려움을 부분적으로나마 해소할 수 있을 것으로 기대한다.

있을 것이다. 또한 지역의 대학이나 지자체 평생교육기관도 다양한 교육과정을 운영하는 데 중요한 자산이므로 적극 활용해야 한다. 다만 지역과 연계한 교육과정을 운영할 때, 코티칭을 통해서 수업과 평가, 생활기록부 기록 관련 문제를 최소화해야 한다.

❓ 학교장 신설과목 등 교과목의 적극적인 개발

교과목 개발도 적극적으로 도모해보자. 벌써 전문교과 등을 활용하여 교양이나 진로 교과를 풍성하게 운영하는 학교들이 늘고 있다. 또 학교의 의지에 따라서 교과목을 개발하는 사례도 나타나고 있다. 교육청 차원에서 개발한 인정도서를 적극 활용하는 것도 하나의 전략이며, 교과목 개발 역량을 잘 구축한 학교라면 별도의 과목 신설도 지속적으로 도전해야 한다. 고교학점제는 표준화된 교육과정에서 탈피할 수 있는 절호의 계기인 동시에 교육과정에 관한 교사의 전문성과 권한을 더욱 강화할 수 있을 것이다. 이를 위해 교과서 개발을 위한 연구 및 심의 예산 지원, 개발 자료 공유, 절차 안내, 교육과정 개발을 위한 틀 제공 등이 필요하다.

❓ 한층 강화된 교육지원청과 지자체의 지원

지역사회와 연계한 교육과정이 제대로 운영되려면 교육지원청과 지자체의 지원 기능이 매우 중요하다. 교육지원청은 더 이상 수많은 공문과 예산이 스쳐지나가는 터미널 역할에 그쳐서는 안 된다.

향후 학교를 대상으로 한 서비스 기능을 강화해야 한다. 단위학교에서 열기 어려운 교과목은 일부라도 교육지원청에서 열어야 한다. 이를 위해 지원청은 교과전담교사를 확보함은 물론, 다양한 방식으로 지원이 이루어져야 한다. 학교 밖 자원 연계는 학교만의 노력으로 이루어지기는 어렵기 때문에 교육지원청이 지자체와 협력해야 한다. 마을교육공동체는 고교학점제와 만나야 하고, 그 과정에서 지역 연계 교육과정은 활짝 꽃피우게 될 것이다.

모든 조건이 갖춰진 후는 언제일까?

'때가 되면'이라는 생각을 내려놓고,

교육공동체가 함께 머리를 맞대고

가능한 것부터 차근차근 추진하며

난제들을 하나씩 극복해야 한다.

이런 고민과 실천이 전제될 때

고교학점제도 현장에 성공적으로

안착할 것이다. 바로 지금!

오해와 진실 01

교육부, 2021, 〈고교학점제 종합 추진 계획〉.

교육부, 2021, 〈2025년 고교학점제 전면 적용을 위한 단계별 이행 계획〉.

교육부, 2021, 〈2024학년도 대학수학능력시험 기본계획〉.

문광민, 〈고3 수험생 줄자⋯대학진학률 79.4% 최고〉, 《매일경제》, 2021.01.14. (https://www.mk.co.kr/news/society/view/2021/01/46266/)

오해와 진실 02

정미라 외, 《고교학점제 진로교육을 다시 디자인하다》, 맘에드림, 2021.

로라 그린스타인, 《수업에 바로 쓸 수 있는 역량평가 매뉴얼》(권오량 · 이찬승 옮김), 교육을 바꾸는사람들, 2021.

교육부, 2021, 〈고교학점제 종합 추진 계획〉.

교육부, 2021, 〈2025년 고교학점제 전면 적용을 위한 단계별 이행 계획〉.

여성가족부, 2021, 〈학교 밖 청소년 실태조사〉.

이주연 외, 2020, 〈고교학점제 도입에 따른 교육과정 이수 지도 방안 탐색〉.

임진택 외, 2021, 〈5개 대학 학생부 종합전형 공통 평가요소 및 항목 개선 공동 연구〉.

오해와 진실 03

갈매고등학교, 2020, 〈2020년 갈매고등학교 책임교육 운영 계획〉.

갈매고등학교, 2021, 〈2021년 갈매고등학교 책임교육 운영 계획〉.

교육부, 2019, 〈고교서열화 해소방안 및 일반고 교육역량 강화방안〉.

교육부, 2021, 〈2025년 고교학점제 전면 적용을 위한 단계적 이행 계획〉.

교육부 · 한국교육과정평가원, 2022, 〈2022년 고교학점제 도입 · 운영 안내서〉.

오해와 진실 04

교육부, 2021, 〈2022 개정 교육과정 총론 주요 사항(시안)〉.

교육부, 2015, 〈2015 개정 교육과정 총론 및 해설〉.

교육부, 2022, 〈2023학년도 대학 수학능력시험 시행 기본 계획〉.

교육부 · 한국대학교육협의회, 2020, 〈2021학년도 대학입학전형 시행 계획〉.

김성천, 2021, 〈고교학점제: 쟁점과 과제〉, 한국교육연구네트워크 월례포럼.

서울대학교, 2021, 〈2024학년도 대학 신입학생 입학전형 예고〉.

서울대학교, 2021, 〈2023학년도 대학 신입학생 입학전형 시행 계획〉.

주주자 · 김위정, 2018, 〈고교학점제 해외 사례 연구〉, 경기도교육연구원.

한국교육과정평가원, 2020, 〈고등학교 학생 평가 톺아 보기〉

오해와 진실 05

교육부, 2021, 〈고교학점제 연구학교 운영 안내서〉.

교육부, 2021, 〈고교학점제 종합 추진 계획〉.

교육부, 2021, 〈2025년 고교학점제 전면 적용을 위한 단계별 이행 계획〉.

인천신현고등학교, 2021, 〈인천신현고등학교 교육과정부 운영계획〉.

오해와 진실 06

경상남도교육청, 2012, 〈경남 참 공동교육과정 운영계획〉.

교육부, 2021, 〈고교학점제 종합 추진 계획〉.

교육부, 2019, 〈학교 공간혁신 합동 추진회 보도자료〉.

경기도교육청 경기고교학점제 홈페이지 (https://more.goe.go.kr/hagjeomje/index.do 검색
일: 2022.7.30.)

오해와 진실 07

교육부, 2022, 〈2022년 고교학점제 도입 · 운영 안내서〉.

한국교육개발원, 2021, 〈2021년도 고교학점제 학교 공간 조성 지원 사업 (교과교실제) 중앙
컨설턴트 워크숍 자료집〉.

교육정책네트워크 정보센터, 〈초 · 중 · 고등학교의 학교 면적 및 건물현황〉 (https://edpolicy.
kedi.re.kr/frt/boardView.do?strCurMenuId=69&nTbBoardArticleSeq=831823 검색일:
2022.7.19.)

오해와 진실 08

교육부, 2009, 〈초 · 중등학교 교육과정 총론〉.

교육부, 2021a, 〈2025 고교학점제 종합 추진계획〉.

교육부, 2021b, 〈2025년 고교학점제 전면 적용을 위한 단계적 이행 계획〉.

교육부, 2021c, 〈2015 초중등학교 교육과정 일부 개정 고시문〉, 교육부 고시 2022-2호.

오해와 진실 09

김성수, 2019, 〈수학 포기자의 수학 포기 경험에 대한 교육과정 사회학적 해석〉, 경희대학교
　박사학위논문,

김성천, 2021, 〈고교학점제의 쟁점과 과제 분석〉, 《교육비평》, (48), pp. 32-63.

김성천 외, 2021, 〈참학력 기반 고등학교 혁신교육과정 개발〉, 한국교원대 산학협력단.

김은정, 2019, 〈교육개혁기반 국가교육과정 실행에서 교사의 저항감: 양적 및 질적 측면에서
　저항감의 양태탐색〉, 한양대학교 박사학위논문.

삶과 교육을 바꾸는
맘에드림 출판사 교육 도서

독자 여러분의 소중한 원고를 기다립니다

맘에드림 출판사는 독자 여러분의 소중한 원고를 기다리고
있습니다. 원고가 있으신 분은 momdreampub@naver.com으로
원고의 간단한 소개와 연락처를 보내주시면 빠른 시간에 검토해
연락을 드리겠습니다.

혁신학교란 무엇인가

김성천 지음 / 값 15,000원

교육공동체가 만들어내는 우리 시대 혁신학교 들여다보기. 혁신
학교 전반에 관한 이야기를 다루고 있는 책으로, 공교육 안에서
혁신학교가 생기게 된 역사에서부터 혁신학교의 핵심 가치, 이론
적 토대, 원리와 원칙, 성공적인 혁신학교의 모습을 보이고 있는
단위학교의 모습까지 담아냈다.

학교, 민주시민교육을 만나다

김성천, 김형태, 서지연, 임재일, 윤상준 지음 / 값 15,000원

2016년 '촛불 혁명'의 광장에서 보인 학생들의 민주성은 학교에서는
찾아보기 힘들다. 민주시민교육은 법률과 교육과정 총론에 명시되
어 있지만 그 중요성을 실제로는 인정받지 못해왔다. 또한 '정치적 중
립성'이 대체로 '정치의 배제'로 잘못 해석됨으로써 구체적인 쟁점이
나 현안을 외면해왔다. 이 책은 교육과정, 학교문화 등 다양한 측면
에서 시민교육을 성찰하고 정책 대안을 제시한다.

학교, 민주시민교육을 실천하다!
세종도서 학술부문 선정도서
교육정책디자인연구소시민모임 지음 / 값 17,000원

학교에서 어떤 식으로 민주시민교육이 이루어져야 하는지를 이야기
한다. 특히 학생들의 눈높이에 맞춰 민주주의를 그들의 삶과 어떻게
연결시킬지에 초점을 맞추었다. 18세 선거권, 다문화와 젠더 등 다양
한 차별과 혐오 이슈, 미디어 홍수 시대의 시민교육, 통일 이후의 평
화로운 공존 방안 등의 시민교육 주제들을 아우른다.

공교육, 위기와 도전

김인호 지음 / 값 15,000원

학생들에게 무한경쟁만 강요하는, 우리 교육 시스템과 그로 인해 붕
괴된 교실에서 교육주체들은 길을 잃고 말았다. 이 책은 이러한 시
스템 속에서 고통을 겪고 있는 교사, 학생, 학부모, 지역사회가 연대
하여, 교육과정·수업·평가·진로 등 모든 영역에서 잘못된 교육 제
도와 관행을 이겨낼 수 있는 대안과 실천 사례를 상세히 제시한다.

그림책과 함께하는 하브루타 수업

김보연 · 유지연 · 조혜선 지음/ 값 19,000원

이 책은 아이들이 모둠을 이루어서 함께 이야기하고, 질문하고, 토론하는 학습방법인 하브루타 수업을 고민하고 실천했던, 여기에 그림책까지 좋아하는 현직 교사 세 명이 함께 쓴 책이다. 이 책에는 하브루타와 그림책을 통해 아이들과 교사가 함께 즐거운 수업을 만들기 위해 소통하고 그것을 통해 성장하는 과정들을 기록이 담겨 있다.

교실 속 유튜브 수업

김해동 · 김수진 · 김병련 지음 / 값 15,500원

교실에서 이뤄지는 유튜브 수업은 학생들을 단지 미디어 수용자에서 참여자로, 소비자에서 생산자로 자리매김할 기회를 준다. 이 책은 이를 위한 충실한 안내자로서 주제, 유튜브, 스토리, 촬영, 편집, 제작, 홍보에 이르기까지 거의 모든 과정을 다룬다.

나의 첫 쌍방향 온라인 수업

상우고등학교 온라인교육과정연구회 지음/ 값 17,500원

이 책은 교사들이 함께 힘을 모아 차근차근 만들어간 '쌍방향' 온라인 수업 실천 기록이다. 교과별 주요 특성과 교육 목표 및 온라인이 가진 장점을 최대한 반영해 교육과정과 수업, 평가를 운영하기 위해 고뇌한 흔적이 엿보인다. 교과 수업뿐만 아니라, 학급경영이나 시스템 구축 및 온·오프라인으로 병행한 진로·진학 및 체험활동에 관한 이야기도 함께 담았다.

나의 첫 그림책 토론

책이랑 소풍 가요 지음 / 값 15,000원

토론이나 독서가 어려운 학생들에게 보다 부담 없이 다가갈 수 있는 '그림책 독서토론'을 다룬 이 책은, 실제 교실 수업의 독서 전 활동부터 토론 후 활동까지를 상세히 안내하고 있다. 각 수업마다 다르게 진행한 토론방법의 소개와 함께 수업진행 Q&A, 교사의 생생한 성찰과 조언도 실었다.